古代歷史文化研究輯刊

十二編

王明蓀 主編

第3冊

二十世紀關於商周公社的研究（下）

沈斌 著

國家圖書館出版品預行編目資料

二十世紀關於商周公社的研究(下)／沈斌 著 -- 初版 -- 新北市：
花木蘭文化出版社，2014〔民 103〕
目 6+172 面：19×26 公分
（古代歷史文化研究輯刊 十二編；第 3 冊）
ISBN 978-986-322-883-7（精裝）
1.社會制度　2.商代　3.周代
618　　　　　　　　　　　　　　　　　103013890

ISBN-978-986-322-883-7

古代歷史文化研究輯刊
十二編　第三冊　　　　　　ISBN：978-986-322-883-7

二十世紀關於商周公社的研究（下）

作　　　者　沈斌
主　　　編　王明蓀
總　編　輯　杜潔祥
副總編輯　楊嘉樂
編　　　輯　許郁翎
出　　　版　花木蘭文化出版社
社　　　長　高小娟
聯絡地址　235 新北市中和區中安街七二號十三樓
　　　　　　電話：02-2923-1455／傳真：02-2923-1452
網　　　址　http://www.huamulan.tw 信箱 hml810518@gmail.com
印　　　刷　普羅文化出版廣告事業
初　　　版　2014 年 9 月
定　　　價　十二編 20 冊（精裝）新台幣 38,000 元

版權所有・請勿翻印

二十世紀關於商周公社的研究（下）

沈　斌　著

目

次

第三章　新時期商周「公社」研究的回顧與反思（1979 年以來）

第一節　「亞細亞生產方式」與社會發展形態的再討論

「亞細亞生產方式」問題實質上研究的是受公社影響的社會形態。進入新時期以來，這一問題在沉寂了多年之後又再次受到廣大學者的關注。1981年史學界相關學者在天津舉行了「亞細亞生產方式」問題的學術討論會，這次會議的召開有力地推動了有關「亞細亞生產方式」問題研究的進一步開展。

關於「亞細亞生產方式」問題的討論必然會涉及到對東西方歷史發展特點的探討，即歷史的發展究竟是「單線」還是「多線」？新時期以來，一些學者繼續就這一問題發表意見。廖學盛指出：「世界各國的歷史發展遵循著共同的規律，又表現出無窮的多樣性，但決不能歸結爲東西方兩大類型。用這種兩分法來劃分世界各國的歷史，是十八、十九世紀資產階級學者提出來的，不是馬克思主義的。」〔註1〕田昌五也認爲：「所謂東方一直存在著亞細亞生產方式的說法是不能成立的，東方同樣有過自己發達的奴隸制（不是羅馬式的）和封建制，不是停滯不前的」〔註2〕，他還說：「人類歷史的發展究竟是按多線進行的，還是按單線進行的？所謂單線，就是按斯大林表述的五種生產方式依次發展；所謂多線，就是說從原始社會後可以是奴隸制、封建制和

〔註1〕 龐卓恒等《「亞細亞生產方式」學術討論會紀要》，《中國史研究》，1981年第 3 期，第 8～9 頁。
〔註2〕 同上，第 9 頁。

亞細亞生產方式三者並行而發展。這實際上是一個多元論和一元論的問題，……而亞細亞生產方式就其主要內容和基本特徵來說，是很難成為一種獨立的生產方式的。提出亞細亞生產方式作為與奴隸制、封建制相併行的另一條社會發展線索，與五種生產方式相對立，是根本不能成立的。」〔註3〕然而對此也有學者在強調東西方社會發展普遍規律一致的基礎上，認為東方社會發展的歷史進程確實有著不同於西方的特點，所謂的「多線」並不是「多元」的「多線」，而是「一元」的「多線」，如龐卓恒在分析「亞細亞生產方式」後指出：「馬克思的亞細亞生產方式理論的主要意義在於，它啟導我們去探尋殊途同歸的東西方歷史路向，探尋各自的特殊性和共同的規律性。」「東方社會確實存在著不同於西方社會的歷史特點和歷史進程，而且，在『東方社會』這個大範圍內的各個不同國家又各自有著自己的不同特點，正如西方社會和『西方』這個大範圍內的各個國家都有自己的不同特點一樣。但是，東方社會也和西方社會一樣，從歷史發展的普遍規律上是一致的，在歷史進程的總體方向上是殊途同歸的。」〔註4〕

新時期學術界對於「亞細亞生產方式」認識的分歧仍然很大，其主要觀點大致可以概述如下〔註5〕：

（1）亞細亞生產方式是原始共產社會。持這類觀點的學者有廖學盛、劉家和、徐若木、佘樹聲、侯方岳等。其中一些學者對原始社會本身還進行了分段，如徐若木認為馬克思在十九世紀八十年代把亞細亞生產方式明確稱為原始社會的最後階段，因此它應是指原始公社的農業公社階段，而不是原始社會的總體，佘樹聲則指出，原始社會存在氏族部落階段和氏族公社階段，後者是由公有制轉變為私有制的過渡階段，亞細亞生產方式著重指的是後者。

（2）東方型奴隸社會說。持此種觀點的有林甘泉、宋敏〔註6〕等。

（3）東方型封建社會說。持有此說者有郭聖銘、高仲君、龐卓恒〔註7〕

〔註3〕 田昌五《評近年來亞細亞生產方式問題的討論》，《人文雜誌》，1981 年第 6 期，第 65～66 頁。

〔註4〕 龐卓恒《唯物史觀與歷史科學》，北京：高等教育出版社，1999 年，第 85、103 頁。

〔註5〕 龐卓恒等《「亞細亞生產方式」學術討論會紀要》，第 3～8 頁。

〔註6〕 另可參見：林甘泉《亞細亞生產方式與中國古代社會——兼評翁貝托・梅洛蒂〈馬克思與第三世界〉對中國歷史的歪曲》，《中國史研究》，1981 年第 3 期；宋敏《論亞細亞生產方式的本義》，《社會科學輯刊》，1989 年第 6 期。

〔註7〕 另可參見：龐卓恒、高仲君《有關亞細亞生產方式幾個問題的商榷》，《中國

等。

　　（4）混合階段說。如于可、王敦書、項觀奇、蘇鳳捷、趙克堯、田樹生等〔註8〕等。其中一些學者所認為的混合階段其時間跨度是相當漫長的，如于可、王敦書認為「亞細亞生產方式」一直延續到了 19 世紀初，既保持了原始公社所有制，又存在著專制君主的最高所有制，還夾雜了種姓制、奴隸制和封建制；與此相類，趙克堯也認為「亞細亞」形態的社會性質貫穿了前資本主義的原始公社制、奴隸制與封建制三個社會階段。

　　（5）獨立生產方式說。此說認為「亞細亞生產方式」是原始社會之後奴隸社會之前的一個獨立的歷史階段，持此觀點者有吳大琨、胡德平、胡鍾達〔註9〕等。

　　（6）經濟形式說。持此種觀點者認為「亞細亞生產方式」僅屬於經濟範疇，不是歷史範疇，把亞細亞生產方式看作一種社會制度或一個社會階段是不妥的，其代表者如張雅琴、白津夫〔註10〕等。

　　關於「亞細亞生產方式」的討論歷來與社會發展形態的研究相為表裏，新時期裏有很多學者對「五種生產方式」說提出了質疑。

　　有學者對「五種生產方式」理論及其來源本身進行了研究，如朱本源曾撰文認為「五種生產方式」的理論不是馬克思所擬定的，而是蘇聯理論界在三十年代制定的，就是在蘇聯國內，自五十年代後期以來，就有不少歷史學家對其進行挑戰，並且發生過全國性的大論戰，甚至有人還對其加以了否定。〔註11〕還有學者則質疑「五種生產方式」對社會發展階段劃分的合理性，如胡鍾達指出馬恩關於人類歷史上社會經濟形態發展的劃分有著三個層次，人

　　　　　史研究》，1981 年第 3 期。

〔註8〕　另可參見：于可、王敦書《試論亞細亞生產方式》，《吉林大學學報》（哲學社會科學版），1979 年第 4 期；項觀奇《論馬克思心目中的亞細亞生產方式》，《文史哲》，1986 年第 1 期；蘇鳳捷《關於社會形態問題的質疑和探索》，《中國史研究》，1981 年第 3 期。

〔註9〕　另可參見：吳大琨《關於亞細亞生產方式研究的幾個問題》，《學術研究》，1980 年第 1 期；胡德平《馬克思對亞細亞生產方式的提出、研究和結論》，《社會科學》，1980 年第 5 期；胡鍾達《試論亞細亞生產方式兼評五種生產方式說》，《內蒙古大學學報》（哲學社會科學版），1982 年第 2 期。

〔註10〕　另可參見：張雅琴、白津夫《亞細亞生產方式問題的癥結在哪裏？》，《世界歷史》，1981 年第 4 期。

〔註11〕　朱本源《馬克思的社會形態更替理論是科學假說》，《歷史研究》，1989 年第 1 期。

類社會由共產主義社會進入階級社會，再由階級社會進入共產主義社會是第一個層次，階級社會又可以分爲以人的依賴關係爲基礎的第一形態（指以奴隸制、農奴制和租稅合一的貢納制爲基礎的前資本主義社會）和以物的依賴關係爲基礎的第二形態（指以雇傭勞動制爲基礎的資本主義社會），這是第二個層次的劃分，而把前資本主義社會即以人的依附關係爲基礎的社會經濟形態再劃分爲所謂奴隸社會和封建社會，這就屬於第三個層次。五種生產方式則是把以上的三個層次不分主次地混淆在一起，其中既有遺漏，又未能對前資本主義階級社會所做的第三個層次的劃分做出令人信服的論證，因此，不能認爲這是馬克思主義關於社會經濟形態發展學說的一種全面科學的概括。〔註12〕

在這股質疑並且反對生搬硬套「五種生產方式」來研究中國歷史的浪潮中，以張廣志、胡鍾達、沈長雲、晁福林等爲代表的「無奴學派」受到了學界的廣泛關注。他們在自己的著作中都堅持並且論證了奴隸社會並非是人類歷史發展必經階段的觀點，認爲中國歷史上不曾經歷過奴隸社會的發展階段。這樣的觀點雖然算不得什麼很新的東西，但卻在新的歷史條件下大大推動了人們對於社會形態問題的重新思考。

在質疑「五種生產方式」的同時，許多學者也在試圖構建新的社會發展形態學說。代表性的如：田昌五認爲中國歷史可以分爲三大時代，即洪荒時代——族邦時代——封建帝制或帝國時代〔註13〕；晁福林則認爲夏商兩代是氏族封建社會，西周春秋是宗法封建社會，戰國以後是地主封建社會〔註14〕；還有學者，如嚴文明提出了「龍山時代——古國，夏商周——王國，從秦到清——帝國」的國家形態三段說〔註15〕；《中國大通史》的編撰者則是把夏商周稱作「宗法集耕型家國同構農耕社會」，把秦漢至清中期稱作「專制個體型家國同構農耕社會」〔註16〕等等。

總之，新時期以來關於「亞細亞生產方式」及社會形態問題的討論雖然

〔註12〕 胡鍾達《再評五種生產方式説》。
〔註13〕《社會形態與歷史規律再認識筆談·中國歷史發展體系的新構想》，《歷史研究》，2000 年第 2 期。
〔註14〕 晁福林《夏商西周的社會變遷》，北京：北京師範大學出版社，1996 年 6 月第 1 版，第 229 頁。
〔註15〕 嚴文明《黃河流域文明的發現與發展》，《華夏考古》，1997 年第 1 期。
〔註16〕 曹大爲《關於新編〈中國大通史〉的幾點理論思考》，《史學理論研究》，1998 年第 3 期。

在很多方面都重複了過去的老問題，但卻進一步開拓了人們的視野，取得了令人鼓舞的成績。然而，必須指出的是，許多學者在嚴密關注中國歷史實際的同時卻疏忽了對世界歷史共同規律的探索，這一點在某些學者建立的新的社會歷史形態說方面表現得尤為明顯。如何在構建新的社會歷史形態說方面既考慮到中國歷史的實際，又兼顧到世界歷史發展的共同規律性，這應當也是馬克思主義史學中國化中的一個重大課題。

第二節　馬恩有關「公社」理論著作的翻譯

從1971年開始，中共中央編譯局即著手翻譯蘇聯出版的《馬克思恩格斯全集》的補卷，即《馬克思恩格斯全集》第40～50卷。其中的第45卷於1985年出版，收入了馬克思晚年所作的四篇被稱為「民族學筆記」的著作，即《馬·柯瓦列夫斯基〈公社土地佔有制，其解體的原因、進程和結果〉（第一冊，1879年莫斯科版）一書摘要》、《路易斯·亨·摩爾根〈古代社會〉一書摘要》、《亨利·薩姆納·梅恩〈古代法制史講演錄〉（1875年倫敦版）一書摘要》以及《約·拉伯克〈文明的起源和人的原始狀態〉（1870年倫敦版）一書摘要》。這些著作的重要性正如本卷「說明」中所指出的那樣，「馬克思在晚年更加積極研究古老的社會形態，進一步闡明資本主義以前的社會包括原始社會發展的規律性，深入探討當時在世界廣大地區存在的農村公社的歷史命運問題。他搜集、研究了各種實際材料，閱讀了各種有關的學術著作。他雖然沒有來得及在這一領域寫出系統的著作，但他通過對某些著作的細心摘錄、評注、刪節、改造和補充，表述或透露了他的許多寶貴的思想和深刻的觀點。」

這個時期《資本論》重要版本的翻譯也取得了重要進展。〔註17〕1983年，中國社會科學出版社為紀念馬克思逝世一百週年出版和發行了根據法文版譯出的《資本論》第1卷。法文版第1卷是馬克思生前親自校勘過並做了重要補充的一個版本，馬克思在校訂時對譯文和內容均作了多方面的修改，對全書的篇章結構也作出了重要的調整。這是在原文版之外有著重要科學價值的一個版本。五年之後的1988年，經濟出版社還出版了根據奧托·邁斯納出版

〔註17〕有關《資本論》翻譯的問題參考了馬祖毅等著《中國翻譯通史　現當代部分　第一卷》，武漢：湖北教育出版社，2006年12月，第56～57頁。

社 1867 年出版的德文《資本論》第 1 卷的中譯本，全書由中共中央馬恩列斯
著作編譯局譯出，填補了我國一直沒有《資本論》第 1 卷德文初版中譯本的
空白。德文初版與後來的版本有著較大的差異，對研究馬克思的經濟理論的
發展和完善過程具有極其重要的參考價值。至此，可以說，《資本論》全卷以
及一切相關的重要研究資料及文獻在中國都已經翻譯完畢了。

　　《馬克思恩格斯全集》譯文的質量始終是從事有關馬克思主義研究的人
們所最關心的問題。中央編譯局在 1985 年中文版《全集》第一版出齊後不久，
即著手出版第二版的準備工作。中文版《全集》第一版由於轉譯於俄文第二
版等的原因，在譯文上難免受到了俄譯文的影響，一些俄文譯文裏的問題也
因此被帶入了中譯本。不僅如此，受到當時各種條件的影響，中文第一版所
據的俄文版在資料的搜集與編排上也都存在著不小的問題。為了提供更高質
量的《全集》中文譯本，中央編譯局決定以現階段國際上最具學術權威的《馬
克思恩格斯全集》歷史考證版（MEGA^2）為藍本，翻譯出版《全集》中文第
二版。《馬克思恩格斯全集》歷史考證版（MEGA^2）最大限度地收入了馬克思
和恩格斯各種文本的著作，並附有詳細的異文、勘誤、注釋等，是研究馬克
思恩格斯著作的最佳版本。歷史考證版（MEGA^2）計劃於 2025 年前後出齊，
計劃共計 114 卷（123 分冊），目前已經出版了 54 卷。〔註18〕新版中文第二版
於 1995 年首次出版了第 1、11、30 卷以來，至今已經出版了多卷，但是由於
受到了《馬克思恩格斯全集》歷史考證版（MEGA^2）本身出版進度等的影響，
目前中文第二版的出版速度並不理想。不僅如此，中文第二版中對某些重要
著作的翻譯處理似乎也做得過於簡略。一些譯文，如《給維·伊·查蘇利奇
的覆信草稿》（收入新版第 25 卷）等的翻譯仍然不完整，新的譯文也沒有把
馬克思手稿中的修改痕跡翻譯出來，而這些修改痕跡卻是研究馬克思晚年關
於公社問題最新思考的重要材料。

　　1995 年 6 月，在新版《全集》陸續出版的同時，《馬克思恩格斯選集》第
二版也終於問世。與第一版相比，這次的版本在內容上均作了較大的調整，
主要增加了有關政治經濟學等方面的內容，並且也根據《馬克思恩格斯全集》
歷史考證版（MEGA2）等原文版本對譯文作了嚴格的校訂。

〔註18〕魯路《MEGA^1 及 MEGA^2 版編輯出版情況》，收入復旦大學國外馬克思主義與
　　　　當代思潮國家創新基地等編《國外馬克思主義研究報告 2007》，北京：人民出
　　　　版社，2007 年，第 269 頁。

另外值得關注的是，在 2009 年末，由中央編譯局組織實施，韋建樺主編的《馬克思恩格斯文集》十卷本也由人民出版社出版發行。這套文集所收錄的譯文均來自《全集》第一版、第二版以及《馬克思恩格斯選集》中文第二版，在譯文上還根據最可靠的外文版本做了進一步的修訂，因此在翻譯質量上更爲準確、可靠。《文集》中也收錄了《給查蘇利奇的覆信》和《草稿》（收入第 3 卷）、《反杜林論》（收入第 9 卷）及《家庭、私有制及國家的起源》（收入第 4 卷）等關於「公社」問題的重要論著，並且對有關譯文作了重要的修訂。

第三節　商代「公社」研究的回顧

改革開放以來，國外各種史學思潮紛紛湧向中國，關於社會形態及相關理論問題的探討一時間似乎已不再是史學研究的重點。然而，對於「具體」問題的研究只要積累至一定程度，在邏輯上必然會觸及「形而上」的領域。在關於商代社會形態、社會性質的研究趨於萎縮的情況下，仍有學者不斷出來探討和澄清這些問題，這不得不說是學術發展內在邏輯的巨大驅動。

一、奴隸社會說者

這個時期，不少學者仍然堅持認爲商代是奴隸社會，而且也仍有初級、東方類型等的區分。一些學者對於商代公社形態及其發展的階段作了較爲深入的考察，但是就總體上看來，他們對這個以公社爲基礎的殷商奴隸社會的解釋並沒有超越過去的範式。

（一）徐喜辰－趙世超－俞偉超－裘錫圭－林甘泉

徐喜辰、趙世超、俞偉超等學者認爲商代的公社是氏族或家族公社，而裘錫圭、林甘泉則認爲在家族公社之外還有農村公社。

1、徐喜辰

80 年代以來，徐喜辰撰寫了一系列研究商周公社及井田制度的文章，他在奴隸制社會的問題上進一步認爲：

> 在氏族制度廢墟上產生的奴隸制國家，一般說來，首先經過的
> 是城邦國家也叫都市國家，這就是說，城邦階段是奴隸制初期的普
> 遍國家形式。繼城邦之後的奴隸制國家形式，本應走向奴隸制帝國

階段，由於各個民族的條件不同，並非每一個奴隸制城邦都能發展到奴隸制帝國階段，但其前身必爲一個奴隸制城邦時期。中國的秦漢時代是奴隸制帝國階段，還是封建社會問題，雖然可以繼續討論，不過根據古籍記載和地下資料看來，商周社會頗具城邦特徵，是一個奴隸制初期的城邦國家形式，因而在那裡有很多氏族制的殘跡，奴隸制並不十分發達。商周時期，和其它國家奴隸制城邦階段一樣，也有除舊布新，消除氏族殘跡，發展奴隸制關係的歷史任務。

按照奴隸制社會的正常關係，那時的土地所有制應當是奴隸主貴族私有制占統治地位。可是，在奴隸制城邦時期，占統治的則是公社所有制的公有制，這種公社所有制不但存在於包括古代中國在內的東方國家，而且在希臘、羅馬的初期也都存在。在羅馬，公有地化爲私有土地，大概直到公元前一百多年才爲法律所承認，便是其例。這種現象，在各個國家裏存在的時間雖然長短不一，但其出現主要是由於「一切文明民族都是從這種公社或帶有它的非常顯著的殘餘進入歷史」的緣故。在公社及其所有制殘留的社會裏，公社農民所有制便與城邦階段相始終，它就成了城邦時期的經濟基礎。後來，隨著社會經濟的進一步發展，公社及其所有制走向解體，城邦經濟基礎也就遭到破壞，「建築在這個基礎上的整個社會結構，以及與之相聯繫的人民權力，隨著不動產私有制的發展而逐漸趨向衰弱」。這就是說，私有制的出現，導致了城邦的滅亡。

中國的商周時期是奴隸制城邦階段，因而作爲社會上的主要生產者是公社農民，而不是奴隸。因爲奴隸勞動之充分排斥農民的勞動，只是到了奴隸制高度發展的階段，才有可能。奴隸制還處於父權制的、家庭的性質的時候，奴隸的數字比較少，奴隸勞動還不是生產的基礎，它在社會經濟中只起極其從屬作用。當時的奴隸數量起初雖然還很不大，但是奴隸制度一出現，就改變了社會關係的整個性質。……〔註19〕

徐喜辰認爲馬克思在《資本主義生產以前的各種形式》一文中所論述的作爲專制帝國統治基礎的公社，在商代就是稱作「邑」的那種組織。他說：「商

〔註19〕徐喜辰《「眾」「庶人」並非奴隸論補證——兼說商周農民多於奴隸亦爲奴隸社會問題》，《東北師大學報（哲學社會科學版）》，1984年第2期，第39頁。

朝時期，不管是王都之邑還是族邦之邑，都是由一個主要的大邑與許多小邑聚合而成的，而且以其大邑作爲公社的名稱的。」〔註 20〕對於這種商代公社的內部組織結構，他依據《左傳》定公四年分封殷民的論述，以爲「商代是以氏族爲其社會組織，保有較爲完整的宗氏、分族的組成結構。他們既然以族而分，必然也是按族系聚族而居無疑。一個宗族長能夠帥其宗氏，並以宗氏爲核心而輯其下屬之分族，說明宗族長仍然有其一定的控制權力，宗族組織仍然很牢固，並且保持有同一的血緣關係。」〔註 21〕關於商代「族」的規模，他認爲，「從商代的軍隊組織來看，一族是一百人。」〔註 22〕

他認爲「在商代公社裏，除了氏族貴族奴隸主和受家長制形式剝削的奴隸外，還有爲數眾多的公社農民。這在甲骨文裏叫做『眾』、『眾人』或『人』，在《尚書‧盤庚》中則分別稱爲『民』、『畜民』、『萬民』、『愒民』、『小民』或『農』等」，他們都不是奴隸。〔註 23〕

根據甲骨文中的各種「田」字，他說：「儘管甲骨文中的田字尚未定形，但如段氏所云其『象阡陌之一縱一橫』則都是一致的，而這一點卻可使我們斷言商代時期存在著公社及其所有制即井田制度。」〔註 24〕他還分析甲骨卜辭中「🔣田」（《粹》1221）、「🔣田」（《粹》1223）、「🔣田」（《前》7.3.2）及「🔣 田」（《甲》3510）的記載，認爲，「商代社會不僅保有公社所有制即井田制度，而且也如西周時期同樣公社農民的土地也在進行定期分配」。〔註 25〕不僅如此，甲骨文中有「啟田」的記載，「這種類似『十千維耦』、『千耦其耘』的耕種規模，絕非公社農民耕種『私田』的情景，當是公社農民集體耕種『籍田』即商代王侯『特殊份地』的情狀。這與西周時期的『國』中公社農民集體耕種『籍田』的情景，完全相同。」「這種商王、諸侯和眾人一起參加『籍田』上的耕作，顯然是父家長制下大家族率領家族成員共同耕作『共有地』的傳統遺迹。」〔註 26〕他解釋《孟子》書中所說的「殷人七十而助」，認爲「商代的每一個別的公社農民只有通過他們所屬的公社才能

〔註 20〕徐喜辰《商代公社及其相關諸問題》，《松遼學刊》，1983 年第 1、2 期，第 13
　　　　～14 頁。
〔註 21〕同上，第 15 頁。
〔註 22〕同上，第 16 頁。
〔註 23〕同註 19，第 34 頁。
〔註 24〕同註 20，第 18 頁。
〔註 25〕同上。
〔註 26〕同上，第 18～20 頁。

領得自己的份地。正因爲份地所有權在法律上屬於商王，所以每一個公社農民的剩餘勞動也就屬於這個最高統一體。由於公社所有制一般分爲公有所需部分即『公田』和公社農民所需部分即『私田』，所以，在這種公社中，公社農民的剩餘勞動是以耕種『公田』的形式而出現的。《孟子・滕文公上》所說的『惟助爲有公田』、『其中爲公田』和『同養公田』的『公田』，是由原始社會中的『共有地』演變而來的。『同養公田』就是說公社的『共有地』即『公田』由公社農民來集體耕種，『公田』上的收穫物就作爲交納於奴隸主貴族的一種賦稅。這就是『殷人七十而助』的助法。」〔註27〕

徐喜辰認爲中國商代占統治地位的土地所有制是公社所有制，並且指出當時的公社仍然以氏族爲其組織結構，這是相當有見地的看法。可是他又認爲儘管商代奴隸數量還很不多，但奴隸制度只要一出現，就改變了社會關係的整個性質，這就把歷史發展的邏輯簡單化了。

2、趙世超

趙世超（1946～）先生指認殷代的「族」是家長制家庭公社。

他說：「殷人的農業生產是集體進行的，常被引用的卜辭如：『王大令眾人劦田，其受年』等，都是不可移易的證據。需要指出的是，參加這種集體勞動的眾並不是奴隸，而是具有族眾身份的平民。……據丁山先生統計，甲骨文氏族名稱約二百以上，近年殷墟西區族葬公墓地發掘進一步證實了殷代族的存在，而《左傳》定公四年分魯『殷民六族』、分衛『殷民七族』，則說明直到殷亡之時，商人仍以族爲基本社會組織。關於農業生產的卜辭還有『令犬徔族裛田於虞』（《京都》281）、『王令𡿧裛田於京』（《殷契佚存》250）、『王令多尹裛田於西，受禾』（《京都》2363）等等，除明確稱族者外，尹字張政烺先生認爲就是族尹，即族長，而犬徔、𡿧等則爲族名或族長之名。由此我們可以肯定，殷代農田上的集體勞動是以族爲單位或由王調集數族人共同進行的。殷代已是階級社會，這裡的族不會是氏族，而應是家長制家族公社。」〔註28〕

3、俞偉超

俞偉超（1933～2003）認爲：「中國古代從原始氏族制向奴隸制過渡以及

〔註27〕徐喜辰《商代公社及其相關諸問題》，第20頁。

〔註28〕趙世超《殷周農業勞動組合演變略述》，《農業考古》，1985年第2期，第44頁。

進一步發展到封建制時，同世界上許多其它國家一樣，也存在過家庭公社和農村公社的形態」；「這種從公有制向私有制過渡的形態，也同世界上許多其它國家一樣，經歷了很長很長的時間，發生過好幾次階段性的變化。」〔註29〕

　　他根據殷墟卜辭和金文徽號中所見的「單」字，深入地考察了商代社會的公社組織。〔註30〕

　　他指出卜辭中有好多記述「單」的材料，其中可以明確看到的「單」有「東單」、「南單」、「西單」和「北單」，這個「單」其實就是一種公社組織。卜辭「㞢西單田」中的「㞢」義即「徙」，「㞢田」就是類似於後代所說的「爰土」，由於這種活動屢見於卜辭，因此這應當是當時經常進行的一種普遍的制度。參照民族學的資料，他指出「徙田」或「爰土」無疑就是公社內部定期更換土地的活動。根據科瓦列夫斯基的關於公社發展階段的研究，俞偉超進一步推斷「在『西單』等地發生的重新分配土地的行動，應當存在於土地的共同所有制正在被不平等的份地制度逐步代替之時，而這個時期的社會形態，只能是家庭公社或農村公社」。而且，「按照科瓦列夫斯基的研究再結合中國古代的情況，土地私有制的發展要經歷從宅地的私有開始，到耕地的私有及山林川澤和墓地的最後私有這樣一個過程；也要經歷從家庭公社至農村公社以及公社的逐步解體這個過程。武丁以後的商代……大概還處在家庭公社的階段。」

　　俞偉超又從考察商代銅器銘文中的徽號入手，指出「單」在商代是普遍存在的，在當時，族名、公社名和地名實際上是一致的，「如果把整個商代社會比之為一個肌體，這種『單』就確實是這個肌體的細胞。這樣一種社會的基本的基層組織，既然其名稱和這種組織內的成員的氏族名稱和居住地的地名保持著一致性，當能進而反映出一個公社主要由一個氏族所組成，從而這種公社顯然還是由血緣紐帶維繫著的。商代的這種『單』，自然……還是一種家庭公社的形態。放在商代晚期那種大家熟知的社會環境中來考慮，這個時候的家庭公社，當然早已進入家長制的範疇了。」

　　4、裘錫圭

　　著名的古文字學家裘錫圭（1935～）在利用甲骨文材料研究殷商史方面

〔註29〕俞偉超《中國古代公社組織的考察——論先秦兩漢的單—僤—彈》，第4頁。
〔註30〕同上，第6～41頁。

作了極有意義的探索，他考察了商代後期的宗族組織及當時的貴族與平民階級，認爲類似於周代宗族的宗法組織早已存在於甲骨文時代，宗族組織的實質「就是以父家長大家族爲基礎的晚期父系氏族制度保留在古代社會貴族統治階級內部的經過改造的形態」。〔註31〕

他指出，「商代各宗族的族人，以及跟商族一起處於統治地位的各異族宗族（相當於周代的異姓卿大夫之族）的族人，基本上都屬於統治階級」，所謂「眾」或「眾人」，其意義並無區別，但「眾」有廣義和狹義之分，廣義的「眾」，「意思就是眾多的人，大概可以用來指除奴隸等賤民以外的各個階層的人」，狹義的眾，是「指被排斥在宗族組織之外的商族平民」，「是爲商王服農業生產勞役的主要力量」。〔註32〕

「他們雖然跟貴族階級有疏遠的血緣關係，但是實際上已經成爲被剝削被統治的階級。有些平民由於統治者的提拔，或通過佔有奴隸，可能會上昇爲剝削階級的下層，但是這種人的數量大概不會多。」〔註33〕

他同意徐中舒認爲商周時代的「里」具有「村公社」性質的意見，但他強調「這種農村公社跟原始社會末期的自由的農村公社，是有本質區別的。它們是處在貴族統治下的受剝削的公社，土地的所有權已經被以王爲代表的貴族階級所攫奪。」〔註34〕

5、林甘泉

林甘泉認爲：「商代的卜辭常見『王族』、『多子族』、『三族』、『五族』的記載。直到商朝滅亡後，被周人征服的殷民還保留著族的組織。周初分封，魯公分到了殷民六族，康叔分到了殷民七族。這些族無疑還是以血緣團體爲紐帶的共同體。」〔註35〕他分析指出：

> 根據文獻和考古發掘的材料，商代已有比較完備的國家機器，這一點爲多數學者所公認。就家庭形式來説，商代顯然也已經越過對偶家庭階段。……經過半個多世紀以來學者們的研究，已經大致可以肯定商代業已形成了父子相繼的制度和嫡庶觀念，存在著和周

〔註31〕裘錫圭《關於商代的宗族組織與貴族和平民兩個階級的初步研究》，中華書局編輯部編《文史第17輯》，1983年，第4頁。
〔註32〕同上，第10、14、16頁。
〔註33〕同上，第19頁。
〔註34〕同上，第20頁。
〔註35〕林甘泉《古代中國社會發展的模式》，《中國史研究》，1986年第4期，第3頁。

代相類似的宗法組織和宗法制度。宗法制起源於父家長制。可見商
人的家庭形式早已達到家長制家庭公社階段。家長制家庭的主要標
誌。「一是把非自由人包括在家庭以內，一是父權」。這兩點，在商
代都是存在的。《尚書・酒誥》說妹土人「肇牽車牛遠服賈，用孝養
厥父母」。孝的觀念，就是父家長制和父權的產物。成王分封魯公伯
禽殷民六族時，「使帥其宗氏，輯其分族，將其類醜」。「宗氏」和「分
族」，有的學者認為即是大宗和小宗，也有的認為是宗族和家族；至
於「類醜」，則大都認為是奴隸。商人人殉，既有墓主人的親屬侍妾，
也有家內奴隸。上述材料說明，以父權制和家內奴隸制為特徵的家
族及其所組成的宗族，是商人進行社會生產和政治活動的共同體。
儘管它們還以血緣關係為紐帶，但畢竟已經不是原生形態的氏族公
社。〔註36〕

　　林甘泉認為商代也早已存在按地域關係劃分的「農村公社」。他說：「《尚
書・酒誥》說：『在昔殷先哲王……越在外服，侯、甸、男、衛、邦伯；越
在內服，百僚庶尹，惟亞惟服，宗工，越百姓、里居（君），罔敢湎於酒。』……
徐中舒教授曾指出：『這裡的百姓是指的氏族長，是統率家族公社的百姓的
官長；里君，是統率村公社的「方里而井」的君長』。這個意見是很正確的。
《爾雅・釋言》：『里，邑也。』里和邑都是按地區來劃分居民的基層組織。」
〔註37〕

（二）韓連琪－楊錫璋－唐嘉弘－金景芳－趙光賢－李朝遠

　　韓連琪、楊錫璋、唐嘉弘、金景芳、趙光賢、李朝遠等學者主張商代的
公社為農村公社，而且其中的一些學者仍確認當時氏族血緣關係的遺存。

1、韓連琪

　　韓連琪認為「殷代還處於早期奴隸制，亦即家長制奴隸制的階段」，「這
一時期氏族制雖還嚴重存在，但以血緣為紐帶的氏族公社已為以地域和近鄰
相聯繫的農村公社所代替；奴隸雖已用於生產，但在生產中占支配地位的仍
為農村公社的成員」。〔註38〕

〔註36〕林甘泉《古代中國社會發展的模式》，第3～4頁。
〔註37〕同上，第5頁。
〔註38〕韓連琪《殷代的社會生產和奴隸制特徵》，收入韓連琪著《先秦兩漢史論叢》，
　　　　濟南：齊魯書社，1986年，第25頁，原載《文史哲》1982年第6期。

韓連琪認爲「殷代存在著作爲農村公社的井田制度，是無可置疑的」，「甲骨文中田字的寫作井田之形，必然是商代實行井田制在文字上的反映」。〔註39〕他指出：

> 井田在我國就是古代的農村公社。在井田制下各個成員的關係，據《孟子·滕文公上》說是「死徙無出鄉，鄉里同井，出入相友，守望相助，疾病相扶持」。這顯然已是以地域爲聯繫的農村公社的組織，不復是以血緣爲紐帶的氏族公社了。〔註40〕

在韓連琪看來：

> ……這時的村公社成員。正如馬克思在《資本主義生產以前各形態》所說的「在他也只是間接地財產，因爲那是由以作爲這許多集體之父的專制君主實現出來的統一體通過這單獨的人所屬的公社而分配給他的。所以那在立法上雖然確定爲一種經過勞動而實際佔有的成果的剩餘生產品，卻不言而喻地屬於這個最高的統一體。」
>
> 殷代的公田和私田同時並存的形態，也正如同書中所說「在古典民族中，有國有土地和私有土地財產的對立形態」。……殷代農民從公社中所分配的所謂私田，也還只是暫時的，並非永久的佔有，農民對私田還只有使用權，而沒有所有權。……因此實際上在殷代作爲農村公社的井田中的農民，也就只能是像馬克思在上引同書中所說的，他們「每一個單獨的人事實上已失去財產」，「事實上他本身即是財產，即公社的統一體人格化的那個人的奴隸」。〔註41〕

關於當時農村公社自身的特點，韓連琪指出：「在殷代，不僅農村公社還普遍的繼續存在，甚至還保有氏族和濃厚的父權家長制殘餘」，「這種嚴重的氏族制殘餘，一直到殷的滅亡，還依然強固地保存下來」。〔註42〕

2、楊錫璋

楊錫璋（1936～）認爲：「通過古代墓葬，可以瞭解死者生前的地位、身份和財富狀況，而通過墓地制度則可以瞭解當時人們的社會、財產關係及血

〔註39〕韓連琪《殷代的社會生產和奴隸制特徵》，收入韓連琪著《先秦兩漢史論叢》，第 40、41 頁。
〔註40〕同上，第 41 頁。
〔註41〕同上，第 47、48 頁。
〔註42〕同上，第 48 頁。

緣、親屬關係。」〔註 43〕他分殷墟墓地為王陵區、族墓地及奴隸埋葬地。在
考察了殷墟西區的族墓地後他指出：「……這是一塊宗族墓地，每一墓區代表
一個族，各族有自己的族徽，墓區中的小區是家族墓地。在同一族墓地內，
既有墓室較大，隨葬有較多銅容器的地位較高的宗族成員——貴族，也有地
位較低的成員——平民，他們就是占墓地百分之九十的沒有銅禮器隨葬的小
型長方豎穴墓的墓主。貴族與平民雖同葬在一個墓地內，卻屬於不同的階級。
貴族是統治者，平民則處於被剝削與奴役的地位。」〔註 44〕

　　他同意甲骨文中的「眾」或「眾人」是村社成員的觀點，認為殷墟大批
沒有銅禮器隨葬的長方穴墓——平民墓墓主屬於「眾」或「眾人」。他們「有
著族的組織形式，以百家為單位，在族尹的領導下，以集體形式為王開荒、
種黍、打仗、田獵和服勞役等，並參加族內的宗教活動。他們既是商代社會
中的主要生產者，又是商王進行軍事活動的主要武裝力量。他們不是奴隸。」
〔註 45〕

　　楊錫璋認為「商代的奴隸制是建立在青銅時代的生產水平上的」，而「青
銅時代生產條件下的奴隸制，只能是農村公社普遍存在的奴隸制」。〔註 46〕他
認為商代的農村公社雖然已經是地域組織，但卻還保留著牢固的血緣關係，
他說「宗法制度就是由這種血緣關係發展起來的。……商王國就像一個大家
族，許多中央和地方的同姓和異姓的貴族臣服於商王，商王就是這個大家族
的族長。同樣，地方諸侯則是其統治領域內各貴族奴隸主的大族長。在每一
個宗族內部，也有嚴格的等級關係，族長既是宗族的宗主，也是政權的統治
者，平民和奴隸則是被統治者。」〔註 47〕

3、唐嘉弘

　　唐嘉弘（1927～2000）不同意尚鉞在《先秦生產形態之探討》（《歷史研
究》1956 年第 7 期）中認為的「農村公社」是血緣關係共同體的觀點，他認
為，農村公社「它是緊接著氏族社會家長制公社的解體而出現的一個社會關
係的歷史形態。……由於歷史的發展，是不能割斷的：和原始社會家長制公
社解體的同時，農村公社即逐漸萌芽，在長期互相消長的過程中，舊的讓位

〔註 43〕楊錫璋《商代的墓地制度》，《考古》，1983 年第 10 期，第 929 頁。
〔註 44〕同上，第 931 頁。
〔註 45〕同上，第 932 頁。
〔註 46〕同上，第 933、934 頁。
〔註 47〕同上，第 934 頁。

給新的，農村公社全部形成，家長制公社都以殘餘的形式，保存於次生的一系列的社會形態中。」〔註48〕

　　他認爲農村公社的一般的特點可歸結爲如下幾點：「1、農村公社是以地域關係爲基礎的共同體；2、在所有制上，農村公社具有二重性；3、個體家庭耕作或分散的勞動；4、起初是定期，而後是永遠分割耕地和草地；5、農作庭院和房屋首先成爲私有，並成爲瓦解公社的堡壘。」〔註49〕他指出，農村公社的「二重性」其實「就是私有制和原始公社制度殘餘的並存。這種並存形態，有時表現爲在農村公社上虛架一個家長制公社的外殼和殘餘；而在一些較爲淺演部族征服了發展階段較高的部族時，表現得更爲明顯。同時，村社往往經歷原生形態到次生形態或再生形態。如果不是深入全面的觀察，常常會被這個外殼的幻象所迷惑，而把次要的殘餘的現象當作歷史的主流，以致得出謬誤的判斷。」而且，「由於農村公社的基本內容所規定，在一些情況下，和它同時伴生的就是人類歷史上第一個剝削形式——奴隸制生產關係，和人類歷史上第一個國家——奴隸主的國家。在另外的許多情況下，和它同時伴生的則是封建制社會和封建制國家。在農村公社裏面，各成員之間的不平等的最尖銳的表現，則是奴隸制。這些奴隸，已經和氏族社會內的非自由民有所不同。一些地方的奴隸是家庭的，或者說，是東方式的。在初期，奴隸勞動的剩餘生產物主要供主人使用，但在後來，卻不斷地增加其數量投入到市場上。同時，對於奴隸的剝削，已經發生在私有土地上了。剝削奴隸的基礎是生產資料的私有制，而不是像過去家長奴隸制時的集體所有制或公有制。」〔註50〕

　　唐嘉弘認爲：「就整個殷商社會來說，尤其是在盤庚遷殷以後，顯然已經進入奴隸制了。就商族來說，也正在擺脫家長奴隸制的氏族社會的公有制階段。『宗氏』、『分族』只能是前一歷史階段的血緣關係的殘餘。」而「關於商族內部的農村公社，史籍是有線索可尋的。《尙書・酒誥》裏面講到，殷代有外服和內服，……外服中有『侯』、『田』、『男』、『衛』等，內服中有

〔註48〕唐嘉弘《周代的家長制公社和農村公社——兼論中國封建地主制的形成》，收入唐嘉弘著《先秦史新探》，開封：河南大學出版社，1988年，第244頁。按作者注，此文完稿於1957年，但卻因爲眾所周知的原因未能發表，本書仍依據其實際發表的時間將其歸入「新時期」部分。

〔註49〕同上，第245頁。

〔註50〕同上，第246〜247頁。

百僚、庶尹、宗工、百姓和里君等等。值得特別注意的是百姓和里君。……在貴族世襲政治制度下，用血緣的親屬關係聯結著的百姓，歷來就是貴族政權的支柱，但他們仍然有義務作為內服。在一系列的內部結構的社會基層，放置的乃是里君。實質上，里君是農村公社組織的表現，是地域關係的組織形式。《周禮‧遂人》：『五家為鄰，五鄰為里』，一里共 25 家，由里君負責管理。其重點已經不是血緣關係，而是鄰里的地緣關係。《商君書‧賞刑》說：『武王與紂戰於牧野之中，大破九軍，率裂土封諸侯，士卒坐陣者，里有書社』。《呂氏春秋‧慎大覽》也說：『武王勝殷，入殷，……三日之內，與謀之士，封為諸侯，諸大夫賞以書社』。所謂書社，《史記‧孔子世家》索隱解釋：『古者 25 家為里，里則各立社。則書社者，書其社之人民於籍』很清楚，從商代萌芽而保留到春秋戰國時的『書社』，它的管理人員，殷商末期就是『里君』。秦漢時有里社，但在實質上漢代里社與先秦書社，卻有較大區別。其共同點，就是里社和書社都是由個體家庭所組成，是由地緣紐帶聯繫起來的，因此決不能說它『是以血緣關係為基礎的氏族公社』（《歷史研究》1956 年第 7 期 7 頁）。須知 25 家的個體家庭的出現，只能是在農村公社出現以後。而家長制公社通常是包含三代到四代同為一祖的後嗣的近親，包括他們的妻、子、女或女婿以及其它收養的親屬，人數有時達百名以上。有的人把『將其類醜』釋為用武力驅迫奴隸，乾脆把普遍地存在於各族內部的自由民取消了。實際上，『將其類醜』的『類』正是《左傳》成公五年引史佚所說的『非我族類，其心必異』的族類，是商族內部的平民或自由民，也正是里君管領之下農村公社組織裏的成員。」〔註51〕

　　唐嘉弘在其晚年所主編的《先秦簡史》一書中，似乎又把商代的氏族血緣關係提到了地緣關係之前。他說：「商殷時期的社會組織主要以家族和氏族為單位。地緣紐帶已經出現，人類天然關係的血緣紐帶仍頗為強大。」「《史記‧周本記》記載：『維天建殷，其登民三百六十夫。』『名民三百六十夫』可能就是 360 個有名的氏族長。商代的社會基層組織當是氏族。」「考古發掘中也能看出商代氏族的組織。……說明商殷王朝的社會就是……由許多個氏族組成，而氏族由家族（包括一夫一妻的個體家庭）組成。」〔註52〕他認為：「摩爾根《古代社會》一書中講到人類社會的發展先有氏族，後有家族。我

〔註51〕唐嘉弘《周代的家長制公社和農村公社——兼論中國封建地主制的形成》，收入唐嘉弘著《先秦史新探》，第 248～249 頁。
〔註52〕唐嘉弘主編《先秦簡史》，福州：福建人民出版社，1995 年，第 76、78～79 頁。

國古代則有在家族之上組成氏族的現象。這類情況與軍事民主階段的國家中被統治者多爲農村公社成員或分散的牧民有密切關係。」而「作爲商殷社會基層組織的農村公社，正是社會組織的關係從血緣向地緣過渡階段的產物，『里』的出現完全可以說明這個問題，『里君（尹）』就是這些基層組織的管理人員。」〔註53〕

4、金景芳

金景芳（1902～2001）認爲：「奴隸制社會存在兩種類型。一種是古代東方類型，一種是古代希臘羅馬類型。」「人們否認亞細亞古代或亞細亞生產方式是一種類型的奴隸制社會，而說它是原始社會、封建社會，或者說什麼亞細亞古代是早期的奴隸制，古典古代是發達的奴隸制，是不正確的。」「……古代東方類型的奴隸社會農村公社長期存在或者與奴隸社會相始終，而古代希臘羅馬的農村公社很早就已解體。」「中國奴隸社會是古代東方類型，不是古代希臘羅馬類型。最顯著的標誌，就是井田制即農村公社與中國奴隸社會相終始。」〔註54〕

他指出：「具體說，夏商和西周爲中國奴隸社會的上昇時期。這個時期，夏還帶有過渡性質，商已完成了過渡，西周則是全盛時期。春秋爲中國奴隸制社會的衰弱時期。戰國爲中國由奴隸社會向封建社會轉變的時期。」〔註55〕

金景芳考察了商代社會的基本情況，他肯定殷代外服的「方」或「邦」「它們大多數都是『自然長成的結構』，或者是以自然長成的結構爲基礎而發展起來的，而不是經過王室的分封」〔註56〕而畿內，則以「大邑商」或「天邑商」、「中商」等爲中心，是其政治、軍事的中心，「大邑商外劃出一定的地域爲郊。《爾雅》所說：『邑外謂之郊』。……有田有邑，爲農田和居民區。殷墟卜辭：王『大令眾人曰：劦田，其受年。』（前 7.30.2、續 2.28.5）當在這個區域以內。卜辭裏的『眾』，在周則稱爲『國人』，他們多半是商的同族人，不是奴隸。『劦田』的『田』則是井田。這一點不但《孟子·滕文公上》有『殷人七十而助』的記載，即從卜辭『田』字象形，也可以窺見其形制。井田制是馬

〔註53〕唐嘉弘主編《先秦簡史》，第 79 頁。

〔註54〕金景芳《馬克思主義關於奴隸制社會的科學概念與中國古代史分期》，收入《金景芳古史論集》，長春：吉林大學出版社，1991 年，第 293、294、295～296頁，原載《社會科學戰線》1985 年第 1 期。

〔註55〕同上，296 頁。

〔註56〕金景芳《中國奴隸社會史》，上海：上海人民出版社，1983 年，第 60 頁。

爾克或農村公社制度在中國的表現形式。」郊之外是「牧」,「牧爲全公社的公共牧場,相當於恩格斯在《馬爾克》一文中所說的『公共馬爾克』。在馬爾克的制度下,光有分配馬爾克,沒有公共馬爾克,是不能滿足人口不斷增加,土地定期重新分配的需要的。正因爲這樣,所以恩格斯說:『原始的土地公有制,⋯⋯以可用土地的一定剩餘爲前提。⋯⋯剩餘的可用土地用盡了,公有制也就衰弱了。』⋯⋯」牧之外則是「野」,住在「野」中的野人「決不會是什麼移民,其中絕大部分應當是在戰爭中所捕獲的俘虜。」〔註 57〕

5、趙光賢

趙光賢（1910～2003）認爲殷代是奴隸社會,但卻不同意把它看成是那樣的奴隸社會,即:它和古希臘羅馬是同一類型的,只是沒有那麼發達,它的進一步發展就成爲希臘羅馬式的奴隸社會。〔註 58〕他認爲殷代社會是一種東方型的奴隸社會,這種奴隸社會的特點是〔註 59〕:

　　1、農村公社是社會的基層組織,它是家庭公社的進一步發展形式。它是以地緣爲基礎的組織,村社的土地屬於公有,但以份地的形式分配給各個家庭去耕種。起初,實行定期重新分配土地,到後期就取消定期重新分配的辦法,而由各家庭長期佔有下去。每個家庭是一個生產單位,家長對其妻、子女等所有家庭成員有絕對的支配權力。

　　2、在村社裏逐漸出現貧富差別,窮人往往由於負債變成富人的家庭奴隸,或名義上爲養子,實質上是奴隸。他們和其它成員一樣,以家庭成員的資格從事農業的、手工業的勞動,或作家內勞動。對這個家庭來說,它是奴隸;對村社來說,他是某個家庭的成員。⋯⋯甲骨文裏的「眾」或「眾人」應當指包括家庭奴隸在內的村社社員,亦即當時的農民,他們是農業上的主要勞動者,現今流行的說法把他們看成一般意義的奴隸是不對的。

　　3、農村公社及其份地制度和家庭奴隸制結合起來,頑強地生存下去,在古代某些國家裏發生過重要的歷史作用。它保證了對國王和貴族們的勞力和服役的供應,因而在一定程度上對勞動奴隸制

〔註 57〕金景芳《中國奴隸社會史》,第 61～63 頁。
〔註 58〕趙光賢《周代社會辨析》,北京:人民出版社,1980 年,第 1～2 頁。
〔註 59〕同上,第 2～3 頁。

的發展起了阻礙作用，並且在一定的歷史條件下爲向農奴制、並進
而爲向封建制的發展提供了可能性，因爲歷史的發展不是一成不變
的，是受具體的歷史條件制約的；把各國歷史的發展看成必然的、
千篇一律的，不是辯證的觀點。

6、李朝遠

李朝遠（1953～2009）師從吳澤先生，他對商周公社組織作了詳細的研
究，他認爲：

> 馬克思曾經提出過「社會經濟形態的發展，是一種自然歷史過
> 程」的命題。這一自然歷史過程表現爲有規律的分階段地從低級向
> 高級發展的進化過程。從整個世界歷史的發展角度看，這一過程經
> 歷了原始社會、奴隸制社會、封建社會、資本主義社會和社會主義
> 社會五種社會形態。這一理論構成了歷史唯物主義的基石和社會形
> 態學的核心。〔註60〕

關於「亞細亞生產方式」及其與公社的關係，他認爲：

> ……亞細亞生產方式不是一種獨立的社會形態，而是指東方奴
> 隸制生產方式。它是奴隸制社會形態的東方類型，與希臘羅馬的古
> 典奴隸制類型一起並列於古代奴隸制社會形態的序列之中。
>
> 東方亞細亞式的奴隸制生產方式的核心是亞細亞土地所有
> 制，其主要特點是：
>
> 亞細亞土地所有制建立在原始公社土地所有制的基礎之上。古
> 代東方各國處於河流谷地，土地疏鬆，自然條件較古典社會優
> 越，……導致階級、國家在私有制發展很不充分的歷史條件下呱呱
> 墜地，較早地進入奴隸社會。在古典古代，雅典、羅馬奴隸制社會
> 的生產關係建立在自由土地私有制的基礎之上，而在亞細亞古代，
> 作爲「以公有制爲基礎的社會向私有制爲基礎的社會過渡」的農村
> 公社甚至家庭公社牢固地保存了下來。
>
> 亞細亞土地所有制有別於公社土地集體公有制，其根本特徵
> 是，公社雖然牢固地保存了下來，但已由土地的所有者組織演變爲
> 土地的使用者組織，奴隸制國家和國家的代表——王權成爲土地的

〔註60〕李朝遠《西周土地關係論》，第8頁。

主人，……聳立在早期農村公社之上的國家，實際上是家長制家庭公社的擴大，王權是全國的最高家長，成為「共同體之父」，王權理所當然地成為全國土地的最高所有者。

農村公社的成員，是公社土地的共同佔有者，惟其是公社的成員，當公社被凌駕於其上的國家及其王權，以所有者和主權者的雙重資格盤剝和壓迫時，「他本身就是作為公社統一體的體現者的那個人的財產，即奴隸」。正是這種「普遍奴隸制」的形式賦予了亞細亞土地所有制以東方奴隸制的社會屬性。〔註61〕

李朝遠指出：「殷商社會是東方亞細亞類型的奴隸制社會，它是夏代奴隸制社會的進一步發展」，「殷商王國的土地所有制是非等級性的、以商王為代表的王室奴隸主貴族土地私有制。」〔註62〕他斷定「整個殷商社會農業的發展不會超出熟荒耕種制的水平之上」，商王朝「是一個剛從生荒耕種制發展到熟荒耕種制的早期農業社會」，「在這種生產力水平下，將土地層次化為統治階級內部不同階層的等級所有，並固守一塊土地的所有權和使用權，是毫無效益的」。〔註63〕

關於「眾」和「眾人」，他指出：「眾和眾人雖有差別，但基本上屬於同一個階級，即奴隸階級」，但他同時強調「自由民與奴隸，在東方亞細亞式的奴隸制社會中，是邊緣互有重疊的兩個階層，眾和眾人本身就是公社成員，僅僅在農業生產中轉化為奴隸」。〔註64〕李朝遠認為：「眾或眾人在商王室的土地上，以『茘田』的形式進行集體耕作，這是荒地耕作制和普遍奴隸制的生產方式所決定的。殷商王室土地上並未實行社會經濟形態意義上的井田制。……沒有公田與私田的區分，即使田地的形狀與『井』字別無二致，也無法構成社會經濟形態意義上的井田制。」〔註65〕但是他認為：

殷商農業經濟中公、私田不分，並不是說在公社耕種的土地上，沒有公益田的存在。在這裡，有兩類公田是需要分辨的。一類是公社中公益田性質的公田，由公社組織社員集體耕種，收入為公社所有，用於社員和公社的公共事務。公田上的收入，既不是租也

〔註61〕 李朝遠《西周土地關係論》，第 12～13 頁。
〔註62〕 同上，第 23、53 頁。
〔註63〕 同上，第 30、31 頁。
〔註64〕 同上，第 39、44 頁。
〔註65〕 同上，第 41 頁。

不是稅,它取之於社員,用之於社員。所以,這類公田沒有明顯的階級剝削的性質。另一類公田,是勞役地租的表現形式,是與公社成員的必要勞動在時間上和空間都予以分開的剩餘勞動之地,土地的收入,即社員的剩餘勞動全部由土地所有者所有。殷商社會不存在公田和私田的區分,是在後一種意義上而言的。公田和私田不分的歷史意義在於,土地的收成,除了公益的收益外,全部為商王室的土地所有者所有,以商王為代表的王室奴隸主貴族不僅佔有了眾和眾人的剩餘勞動,而且佔有了他們的必要勞動。〔註66〕

李朝遠分析了商代的公社模式及其性質的演變過程,他指出:

> 眾或眾人應是公社社員,他們轉變為「普遍奴隸」的過程,也就是商王室擴大統治範圍,施剝削於其地的結果。……在殷王室的直接統治和管理下,公社不斷地為王室拓殖,擴大統治區域。同時,公社又無法長期固圍於原來的地緣經濟,而要隨田地的新墾地而移民作邑於他處,從而有可能使……族落公社合成為一個新的地緣組織——農村公社。這種情況應該說是殷商時代族落公社向農村公社轉變的一般過程。在廢舊開新的墾地生活中,族落公社的血緣關係逐步被雜處一地的地緣關係所取代。雖然他們起初仍保留著自己的經濟,但一旦建立起了凌駕於其上的總和的統一體——商王為代表的奴隸制國家及其土地所有制,他們的經濟只能歸屬於王室,並受其支配。公社首領遂演變成商王室的低級官吏,社員也變為「普遍奴隸制」下的勞動者。即使是殷商本族的公社也已隨著商族向私有制,階級和國家的邁進,由集體土地所有制的主體蛻變為商王室奴隸主貴族土地所有制的客體之一。〔註67〕

總之,李朝遠認為殷商社會就是亞細亞類型的奴隸制社會,這種社會是建立在原始公社土地所有制基礎之上的,他說這是由於古代東方各國優越的自然條件導致了階級、國家在私有制發展很不充分的歷史條件下就「呱呱墜地」了。但是讓我們不得不抱有疑惑的是:階級本質上是以私有制為其基礎的,私有制既然還很不成熟,階級又如何能「呱呱墜地」而產生奴隸制的階級社會了呢?

〔註66〕 李朝遠《西周土地關係論》,第41~42頁。
〔註67〕 同上,第42~43頁。

二、封建社會及其他論者

對於殷商社會的研究，這個時期出現了以張廣志、晁福林等爲代表的「無奴學派」，他們主張中國歷史上不存在奴隸社會的階段，而認爲繼氏族社會而來的殷商已經是封建社會了。「無奴學派」者大多認爲殷商社會以公社爲基礎，並且在此視角下從勞役地租的角度論證商代社會是封建社會。此外，更有學者如朱鳳瀚等，既否定商代是奴隸社會，也不肯定其爲封建社會。不過，縱觀各家的研究成果，大家都強調了血緣關係仍是商代社會的重要特徵。

（一）張廣志－晁福林－斯維至：封建社會

1、張廣志

張廣志（1937～）是「無奴學派」的代表人物之一，他主張商代已經進入了封建社會。

他考察了「作爲商代農業生產擔當者和國家武裝力量基本成員的『眾』」〔註 68〕，認爲商代的「眾」就是農村公社的成員，但他強調這「是仍然保留著族的聯繫的農村公社成員」，「人們往往把『血緣關係的氏族組織』和『地緣關係的村社組織』看得那麼不相容，以爲隨著村社的出現，族的血緣聯繫便告終結。事實上，這是不可能的。我國一直到近代，張家村、李家村一類聚族而居的現象仍有殘留，即其證。自然，進入階級社會後，族的組織形式已不是原始社會氏族組織的簡單延續，而是作爲歷史的殘跡、作爲附著在村社這個新內容上的舊軀殼存在著。這時，社會的基本細胞已不是氏族公社，而是農村公社了，雖說在後者身上仍保留相當濃厚的族的血緣色彩」。〔註 69〕

張廣志認爲不少人抓住馬克思在《資本主義生產以前各形態》中「……公社的統一體人格化的那個奴隸」、「存在普遍奴隸的東方」之類的話而把東方社會目爲奴隸社會、把廣大村社成員視爲奴隸的觀點是一種誤解，「馬克思的那些話，如果我沒有理解錯的話，那不過是一種比喻而已，正如我們有時會說資本主義制度下的工人是奴隸一樣。因爲，按照常理，從來不會有以一個人（公社的統一體人格化的那個人——專制君主）爲一方、爲一個階級，而以下餘的全體社會成員爲一方、爲一個階級的社會；誰也不會有那麼大的

〔註 68〕張廣志《商代奴隸社會說質疑》，收入《奴隸社會並非人類歷史發展必經階段研究》，西寧：青海人民出版社，1988 年，第 122 頁。
〔註 69〕同上，第 124 頁。

魔力，一下子就把全體村社成員『普遍』化爲奴隸！」〔註70〕他根據馬克思在《資本論》中有關羅馬尼亞農奴產生途徑等的論述，認爲：「在村社存在的條件下，在不存在土地私有的條件下，同樣會有封建制剝削關係產生，村社成員爲公田掠奪者所進行的勞動，便是封建性的徭役勞動。歷史事實一再表明：正是由於村社的存在，才一方面抑制了奴隸制的發展（奴隸制的發展需要依賴私有制、工商業等的較高程度的發展，而村社的存在，恰恰不利於這些因素的成長），而在另一方面，卻又給封建剝削方式提供了現成的、便當的形式。過去，人們只承認領主制（農奴制）和地主制是封建制，現在，似乎應該承認封建制還有它的第三種形式——姑暫名之爲『村社封建制』。在各民族由原始社會步入階級社會之初，大都經歷過這個階段的。」〔註71〕

他認爲「孟子所說的『井田』『助法』，基本可信，它大體反映了商周的田制及其剝削方式」，「雖然，一井八家、九百畝的成數不會是事實，那是政治家的孟子把歷史理想化、圖式化了。但其中的『公田』、『私田』的劃分，卻是同農村公社的土地區分爲『共有地』和村社成員的『份地』這一人所共知的事實相吻合的。孟子的『井田』制，應該就是農村公社的土地制度」。〔註72〕他以爲力役地租，「即『公田』、『私田』夾雜錯落在一起的井田制助法，不論在商代還是在西周前期，都是普遍實行著的」，而且「除此而外，那時似乎還有另外一種形式的『公田』——王室『大田』的存在。這種『大田』，在周代又稱『籍田』，在商代則當是卜辭中『王大令眾人曰劦田』和『小臣令眾黍』的所在。這種『公田』，面積既大，使用的勞動人手亦多。這些勞動人手，正如不少研究者所正確指出的那樣，不是奴隸，而是村社成員。殷王每以『不定期的徵發調用的方式強制農村公社的自由民集體地來耕種『王田』，卜辭中所謂『呼耤』實即『動員公社農民耕種公田』，『殷墟遺址中已發現上千的石鎌等集中在一個坑裏的情形，這或者農民在公田所用的農具也是由公家發給的』。這種形式的『公田』榨取，究其實質，仍同井田助法一樣，依舊是『助』，是封建性剝削」。〔註73〕

〔註70〕張廣志《商代奴隸社會說質疑》，收入《奴隸社會並非人類歷史發展必經階段研究》，第124～125頁。
〔註71〕同上，第126頁。
〔註72〕同上，第126～127頁。
〔註73〕同上，第128頁。

　　張廣志認爲商代不是奴隸社會，而是「村社封建制」的社會，其最重要的理論依據之一便是存在於殷商社會的公社組織。他認爲這種社會是不存在土地私有制的，而且既然進入了階級社會，族的血緣聯繫也就不再是原來氏族組織的簡單延續了，而是成了附著於村社之上的舊軀殼。但是不以私有制爲基礎的封建社會是否存在，或者進一步說不以私有制爲基礎的階級社會是否成立，這顯然是很有問題的。

2、晁福林

　　晁福林（1943〜）認爲：「西方古代社會由野蠻進入文明時代的時候，氏族解體爲其明顯標誌，而中國古代社會由野蠻進入文明時代的時候，氏族不僅長期存在，而且還有所發展」。[註74]

　　他認爲馬克思和恩格斯主要是根據「農村公社」的新材料發展了「亞細亞生產方式」的理論，關於「農村公社」、「氏族」以及「亞細亞生產方式」，他指出：

　　　　……公社成員間非必有血緣關係，而氏族成員則一定要有這種關係。馬克思說：「農村公社則是自由的沒有血緣聯繫的人們的第一個社會組織」。應當指出，儘管如此，在農村公社初期，還是以有血緣聯繫的氏族成員爲基礎的，猶如後世的村落、村莊一樣，雖然不排除其中有多種姓氏的人居住，但聚族而居仍是主要的形式。聚族而居式的農村公社畢竟與氏族公社有所不同。從社會發展的角度看，我們應當把氏族公社作爲野蠻時代以及文明時代初期的原生的社會組織形式，而農村公社則是進入文明時代以後的這種原生的社會組織形式的次生形態。在時間序列上它們之間不是共存的，而是先後承繼的。氏族公社可以演變爲農村公社，但那是一個相當漫長的歷史階段。

　　　　……

　　　　馬克思說：「奴隸制、農奴制等等總是派生的形式，而絕不是原始的形式，儘管它們是以共同體爲基礎的和以共同體下的勞動爲基礎的那種所有制的必然的和當然的結果」。在這裡，馬克思沒有使用「農村公社」的概念而採用了「共同體」的說法，就中國上古時代的情況看，這個「共同體」就是廣泛存在的氏族。這個理解可以

〔註74〕晁福林《先秦社會形態研究》，北京：北京師範大學出版社，2003 年，第 48 頁。

說合乎馬克思的本意。……在氏族普遍存在的情況下，亞細亞生產
方式的實質在於它是以氏族所有制爲基礎的社會形態。

　　亞細亞生產方式的廣闊基礎在於以氏族所有制爲基本形式的
小農業與家內手工業的結合。研究亞細亞生產方式應當找出它的生
產方式（Produktionweise）──即特殊的生產資料與特殊的勞動力
的結合關係──本質的特點。愚以爲這個特點正在於勞動者對氏族
的依賴關係。……〔註75〕

　　晁福林認爲：「中國上古時代的社會自從進入文明時代開始，亦即進入了
封建時代，並沒有經過一個所謂的奴隸制時代，中國的封建制可以稱爲氏族
封建制和宗法封建制。」〔註76〕「我國夏商時代正是氏族封建制形成的時期，
而到了周代，由於社會形勢的需要，氏族制則進入一個更高級的階段──宗
法封建制。宗法封建制與氏族封建制是沒有本質區別的，而只是它的鞏固和
完善。」〔註77〕他認爲氏族封建制和原始氏族所有制的「區別可能在於勞動
者對於勞動條件的部分佔有權的確立」，「在氏族公有制下面的部分的氏族成
員的私有，這在原始部落所有制下是不存在的，而在氏族封建制之下則是必
然的因素」。〔註78〕他特別指出：「在發達的典型的封建制度下，可以認爲農
奴是土地的附屬，但在封建生產關係的早期，與其說農奴是土地的附屬，毋
寧反過來說土地是農奴的附屬。在封建關係早期，對於勞動者人身的佔有遠
比對於土地的佔有重要，這種情況歷夏商西周，直到春秋時期還隱然可
見。……在封建制形成的初期，地租不是採用超經濟的強制來『榨出』的，
而主要是在溫情脈脈的氏族紗幕下由農民按照傳統而『自願』地奉獻出來。
嚴格說起來，這也是一種超經濟的手段，但這和地主、貴族手中的皮鞭下的
超經濟『強制』畢竟有所區別。」〔註79〕而且，氏族封建制也不一定是專制
主義的，「在中國上古時代正是由於氏族的長期存在，所以在社會上層建築方
面不可能出現專制主義，而只能是較爲『民主』的政治形式」。〔註80〕他甚至
認爲：「商周時代的社會歷史進程並不是以階級鬥爭爲軸心而前進的，階級鬥

〔註75〕晁福林《先秦社會形態研究》，第12～14頁。
〔註76〕同上，第33頁。
〔註77〕同上，第40頁。
〔註78〕同上，第38、39頁。
〔註79〕同上，第31～32頁。
〔註80〕同上，第40頁。

爭還算不得貫穿商周時代歷史發展的一條『紅線』。」〔註81〕

關於商代社會的具體情況，晁福林認爲：「商代是氏族封建制的典型發展階段」，「氏族無疑是商代社會的主要的基層組織形式，是商代社會結構的基礎，猶如人體由細胞組成的情況一樣，商代社會是由爲數眾多的氏族組成的。可以肯定，商代的經濟基礎就是封建制度下的氏族經濟。商代氏族制度的發展反映在思想文化領域，便是對於祖先崇拜的前所未有的加強。」「我們說殷商時代的國家組織以氏族爲基礎，包括了這樣兩方面的內容，一是就商王朝而言，氏族爲其主要的社會組織形式；一是就商王朝以外的諸方國而言，氏族也是其主要的社會組織形式。」〔註82〕

晁福林認爲商代封建剝削關係是通過「助」法實現的，「作爲田賦制度的『助』，其基本點是力役的徵發」，但「無論是徵召諸氏族的人力籍田，抑或是命令商的族眾籍田，所藉的田皆爲商王室之所有者」。〔註83〕「這種『助』的剝削辦法，實質上是一處勞役地租形式。商代的『助』，是靠剝削『眾』的勞動來實現的。族眾在商代社會生產中佔有主要的地位」。〔註84〕關於「眾」和「眾人」，他認爲「他們應當屬於商代的王族或子族」。〔註85〕

對於當時的耕種方式及社會生產力的發展水平，他認爲：「當時的勞動生產力水平還需要以氏族爲單位進行集體耕作，個體農民的出現在當時生產力水平不高的條件下，幾乎是不可能的。這一點對於商代社會性質的發展應該是有一定影響的。」〔註86〕但他同時卻又似有矛盾地指出：「殷商時代自然也就有公田與私田的區別。而小塊的零星田地，……可能分配給氏族成員自己耕種，擁有小塊田地的氏族成員應當就是卜辭所載的『眾』或『眾人』，亦即文獻所載的殷商時代的『小民』。」〔註87〕

總之，晁福林先生敏銳地指出氏族是商代社會結構的基本細胞，並且認爲在商周時代階級鬥爭還算不得貫穿歷史發展的一條「紅線」，這些觀點確實彌足珍貴。但是他強調商代的封建剝削關係不是通過超經濟的強制而進行，

〔註81〕晁福林《先秦社會形態研究》，第65頁。
〔註82〕同上，第117、128、118頁。
〔註83〕同上，第129～131頁。
〔註84〕同上，第132頁。
〔註85〕同上，第122頁。
〔註86〕同上，第137頁。
〔註87〕同上，第38頁。

而主要是按照傳統，在溫情脈脈的氏族紗幕下由農民『自願』地奉獻出來，這樣一種基於個人對氏族的依附性，而不是基於私有制運作的社會，是否可以被歸成是階級的封建性社會，我們認爲仍有很大的商榷餘地。

3、斯維至

與以往相比，這個時期的斯維至在對商周公社組織形式的認識上並未見有太大的變化，但是他在對以公社爲基礎的先秦國家、社會關係的認識上卻似乎表現出了新的特點。

他說，「……我國商周時期（夏姑不論）的確只是家長奴隸制，而不是發達的生產奴隸制」，而且「馬克思和恩格斯在說到東方國家的社會性質問題時，也並沒有說氏族社會以後，必然是奴隸社會」，「我們仔細考慮，在我國古代的井田制中，農民助耕公田正是與「田間耕作的勞役有關」的徭役制，農奴關係就這樣發生的」。〔註88〕

斯維至研究了「封建」的本意及其起源後指出：「殷商……是否有如我們今人的國家觀念，尙難明確地說，但是殷商已經產生和形成了以血緣關係爲基礎的貴族民主專政的國家，確是史學界所承認的」，「「封建」一詞本是先秦典籍中所習見，因爲它是「封土建國」的約縮語或簡稱，所以少知其本義所在。近代學者由于堅持馬克思的五種生產方式，認爲氏族社會以後必定是奴隸社會，……我們反覆研究，我國自氏族社會以後即直接進入以血緣關係爲基礎的貴族民主專政的宗法封建社會，其國家也就是宗法封建制國家。這樣一來，封建實在是我國古代宗法封建制國家形成的標誌。」〔註89〕

他認爲「等級」和「階級」兩個歷史概念是有很大區別的，「即古代社會（資本主義社會以前）重視等級，而很少使用階級。在我國階級一詞可能是由西方傳入的。」「等級是因血緣關係來決定一個人的社會地位及其權利的，因此，它是世襲的，身份性的。而階級是根據一個人佔有生產資料的多少或有無來決定的。」「古代等級雖然很多，但是大別之，卻只「上」「下」兩大等級或兩大階級，即統治階級和被統治階級。」而且，「統治階級與被統治階級，原來是從征服者與被統治者的血緣關係的不同形成的。」〔註90〕

〔註88〕斯維至《中國古代國家的形成》，收入《允晨叢刊67 中國古代社會文化論稿》，臺北：允晨文化，1997年，第298頁。

〔註89〕同上，第308、311～312頁。

〔註90〕斯維至《中國古代國家的形成》，收入《允晨叢刊67 中國古代社會文化論稿》，

　　殷商社會是以血緣關係為基礎的貴族民主專政的宗法封建社會，這應當說是斯維至先生通過幾十年的研究所得出的最後結論。他還指出「等級」與「階級」的區別，而認為古代社會更重視「等級」。但是這種以血緣關係為基礎的「等級」社會，是否能再以「統治階級」、「被統治階級」或者封建社會等的「階級」的觀點來研究和認識呢？這也應當是一個不可迴避的問題。

（二）朱鳳瀚－何茲全：其他論者

1、朱鳳瀚

　　朱鳳瀚（1947～）認為：商周農業生產的基本組織均是以大於核心家族的親屬組織為其單位的，商後期社會不能被劃為奴隸社會。有學者將卜辭中所見為商王服農業勞役的家族劃於商人之外，認為「眾人」是種族奴隸，即被征服民族的族人整體降為奴隸，然而在政治上受到統治與壓迫的被征服者，並不一定是經濟意義上的奴隸，何況眾人也不能被證明是被征服民。他認為如果仍保留「封建社會」的提法，則中國古代典型的「封建社會」應是西周。此種社會形態延至春秋早期，春秋中晚期則屬於向下一形態過渡的階段，但也可附於此形態之內。商後期社會不宜稱為奴隸社會，但當時是否已有封建制度，目前尚不明確，而且殷商的國家結構也與西周有所區別，儘管在生產方式上有相近之處，似仍不宜歸入這種嚴格意義上的「封建社會」範疇。經春秋中晚期這一過渡時期形成的戰國社會，如果以這種嚴格意義的「封建社會」標準衡量的話，也顯然是不合適的。〔註91〕

　　朱鳳瀚從家族組織的角度研究了商代社會的具體構成形式，雖然他沒有專門從「公社」的角度論述和研究商代社會，但其關於商代家族的研究在實質上卻不能不說已經觸及到了商代公社組織的結構問題。

　　朱鳳瀚認為：「商民族共同體實際是由以王族為核心的若干不同類型的同姓及異姓家族構成的，這種家族是一種多層次的親屬組織，亦即宗族。整個商民族的民眾全部都被組織在這些宗族中。很顯然，在這種歷史條件下，能使社會成員之間相互聯繫，並藉以從事社會活動的根本力量是親族關係，特別是血緣關係。血緣關係造成了濃厚的親族觀念，在此種觀念支配下，於是有族墓地制度，有複合氏名制度等。所以，血緣關係及其他親屬關係仍然是

第321～322頁。
〔註91〕《社會形態與歷史規律再認識筆談・從生產方式看商周社會形態》，《歷史研究》，2000年第2期。

當時最基本的社會關係。」〔註92〕

　　他指出商人宗族組織的內部具有嚴格的等級制度，這種等級制度「使家族成員的社會地位形成了一種階梯狀態，這種狀態不僅體現在家族成員間的經濟、政治關係上，而且體現在諸如禮器使用制度、墓葬制度上的種種凝固化的規定上，家族內部貴族與平民在上述諸方面所表現出來的等級差別實已構成階級身份的差別，只是這種差別採取了家族內部等級關係的形式，表面上籠罩著親族關係的外衣。正因此，商人家族雖仍然是血緣組織，但已與原始公社時期的氏族組織有本質的區別。」不僅如此，「商人宗族內部等級結構的基礎是宗族內部的親屬關係與親屬制度，在一個宗族內，處於最高等級的，是整個宗族的父家長，即宗族長。在宗族內所包含的若干分族中，處於最高等級的則是分族的父家長，即分族長。各級族長間的等級差別是與家族親屬結構的層次與隸屬關係相吻合的。各級家族內家族成員階梯狀的等級差別，則緣於各成員與各級族長關係的親疏。」〔註93〕

　　朱鳳瀚分析了商人宗族內部的政治形態，指出：「……似可以將商人宗族屬地的政治區劃形式推論如下：其中心是有較高大城垣的都邑，為宗族長（當然包括以其近親所組成的貴族家族）所居，亦是家族宗廟所在，四郊稱作奠（或鄙），其中有農田，有若干小邑，田在邑的周圍。小邑中居住著其他同宗族人（例如各分族）。奠的外界，亦即宗族屬地之疆界，奠的大小則是以諸小邑散佈的範圍為準的，而且，……諸宗族屬地是相鄰的」。〔註94〕

　　關於其經濟的形態，他說：「商人的宗族組織皆佔有一定的屬地，有自己不受王朝支配的獨立經營的經濟，有農田和畜群，這是諸宗族存在的經濟基礎」，「宗族長主管本宗族的經濟與財產不僅對其族屬的生產有指揮權，而且對其生產收穫物具有支配權」，「除了整個宗族經濟由宗族長控制之外，……徵取來與貢納來的財物是供宗族貴族們做祭祀之用以及做其他消費的」。〔註95〕

　　朱鳳瀚指出：「……宗族內的多數族眾屬於平民階級，從其墓葬的簡陋可以推知他們多數是直接生產者，在當時家族內的農業生產中起著重要的作

─────────────

〔註92〕朱鳳瀚《商周家族形態研究》（增訂版），天津：天津古籍出版社，2004年，第121頁。
〔註93〕同上，第121、133頁。
〔註94〕同上，第154～156頁。
〔註95〕同上，第172頁。

用，……商人貴族剝削平民族人，主要是依靠血緣關係基礎上建立的宗法等級關係實現的。平民族人爲以宗族長爲代表的貴族服役，不僅出於對宗族長至上權力的承認與服從，同時因爲宗族長是宗族的代表，此種勞役亦就具有爲宗族共同體盡義務的性質」，「在商人貴族大量役使家族內平民階級從事農業生產的情況下，農業上的奴隸勞動可能只是家族經濟的一種補充」，而且，「……在當時的生產力水平下，商人宗族成員（即『眾』）只能採用類似於少數民族志中的所謂共耕的生產形式，……卜辭『叶田』並不是指在王室農田的大規模集體耕作，而是指通常在本家族耕地上的生產形式」，核心家族之類的小家族在經濟上尚沒有獨立出來。〔註 96〕

總之，朱鳳瀚先生認爲血緣關係是商代最基本的社會關係，其時的「剝削」關係也是依靠在血緣關係基礎上建立的宗法等級關係實現的。他並且指出當時這種建立在血緣關係基礎之上的等級差別實已構成了階級身份的差別。但是血緣關係決定的等級是否就是經濟意義上的階級，我們覺得仍有討論的必要。

2、何茲全

何茲全指出：「商的社會，直到被周所滅，似乎還處在氏族社會向階級社會的轉化時期，國家也還處在形成過程中。」而「商族四周的民族，社會不會比商先進，大約也都在氏族社會末期，氏族部落體仍是他們的社會骨架結構。……很可能商族和四周臣屬於他的各族的關係，大體上是不平等的氏族部落間的聯盟。」〔註 97〕

他考察有關「眾」、「眾人」的卜辭說：「商族的社會階段就是已有了階級分化，氏族組織仍是它的社會基礎，即社會仍由氏族部落組成，血緣關係仍是主要的社會紐帶。」他「傾向於認爲把眾解釋爲不平等部落聯盟中一些地位低下的部落的氏族成員爲好」。〔註 98〕

關於「井田制」，他認爲甲骨文中的「田」字，「從字形上看，可以看出商人的土地是分作均等的小方塊或長方塊來使用的。最可能的解釋是：商人土地的使用已由氏族集體耕作的大田演化爲把土地分爲小塊，平均分配給氏族公社成員各家去耕作。《孟子》上所說：『夏后氏五十而貢，殷人七十而助；

〔註 96〕朱鳳瀚《商周家族形態研究》（增訂版），第 173、174 頁。
〔註 97〕何茲全《中國古代社會》，北京：北京師範大學出版社，2001 年，第 9、10 頁。
〔註 98〕同上，第 6、7 頁。

周人百畝而徹。』（《滕文公上》）。無論孟子的話的確切性如何，他是有歷史影子作根據的。井田不始於周，商是已有井田的。其實，我們在世界其他民族的古代史上也可以看到，在原始社會末期，在土地使用由氏族成員集體耕作到把土地平均分配給氏族成員各家族分散耕作時，往往都是把土地平均劃分成方塊形式或長條形的。豆腐乾塊式的井田形式，不只中國歷史上有，外國史上也有。」「商人除把土地劃成方塊分配給本族成員去耕種外，還保留一部分土地作爲公田。商人的公田也稱爲籍田」。〔註99〕

　　何茲全先生從其對氏族社會的認識出發，不承認商代已經是階級社會，而認爲它正處在由氏族社會向階級社會的轉化時期，國家也正在形成的過程中，我們認爲這是非常中肯的意見。但是問題在於，如果把商周社會（其關於西周的觀點如後所述）都歸爲由氏族社會向階級社會的過渡期，這個過渡期似乎也太長了點，這麼長的歷史階段，我們認爲就不能再簡單地稱之爲「過渡」了。

三、小　結

　　商代社會是以公社爲基礎的社會，這是新時期許多學者所具有的「共識」。

　　奴隸社會論者與封建社會論者對於這種公社的組織結構及其成員身份的認識其實並沒有什麼太大的區別。他們中的很多人也都承認血緣紐帶在當時社會中還起著舉足輕重的作用。不過他們都視商代社會爲階級社會，在這樣的大前提下，他們才產生分歧，即：公社成員所受的「剝削」究竟是奴隸性質的，還是封建性質的？而所謂「無奴學派」，雖然在一定程度上破除了人們心中「五種生產方式」的思維定勢，但其本質也僅僅是在論證公社成員封建式的「徭役勞動」而已。

　　實事求是地立論，商代社會確實如學者所說存在著貴族與平民之別，其政治、經濟的權利也甚爲不同，公社成員向貴族或國家所提供的「勞役」也確實有類似於後世所謂「剝削」的外殼。但是，正如大多數學者所又承認的那樣，商代社會還不存在私有制，對於土地等生產資料的私人所有更是無從談起。也就是說，貴族與平民的等級差別，並不是由於生產資料的所有而產生的，所謂的「剝削」也不是以生產資料私有制爲其基礎的。究其根本，它

〔註99〕何茲全《中國古代社會》，第4頁。

們其實都是源於公社成員或公社與公社之間的血緣或擬血緣的聯繫。

　　「階級」與「剝削」本質上都是私有財產產生之後的經濟概念，在「公社」仍然是社會基本細胞的商代社會，自然還不可能存在產生「階級」與「剝削」的土壤。即使是征服者與被征服者之間，其壓迫的本質也不能簡單地被歸結為經濟意義上的壓迫。長期以來，在人們的思維定勢裏，似乎只要跨過「原始社會」，人類社會就開始不平等了，「階級」也就伴之而來。其實即便是在原始社會裏，人們之間的權利與義務也並不見得一定平等。在我們看來，原始社會及後來以「公社」為基礎的社會形態，人與人之間的不平等不是經濟利益作用的結果，而是由血緣的關係所決定的。在公社崩潰之後形成的社會中，人們的不平等則主要是根據一個人佔有生產資料的多少或有無來決定。因此，分析殷商這樣的社會，恐怕還不能把經濟關係的原則放到第一位。

第四節　西周時期「公社」研究的回顧

　　新時期以來的西周史研究十分活躍，其覆蓋面之廣可謂前所未有。關於西周的社會性質及其社會形態的研究雖然不再如五六十年代那樣炙手可熱，但卻仍然「暗流湧動」。在這股「暗流」之中，西周社會基礎構成之一的「公社」終於作為一個獨立的問題受到了不少學者的重視。

一、奴隸社會說者

　　本時期不少學者專門就西周的公社組織作了深入的探討，但即使是在持西周是奴隸社會觀點的學者中，他們之間在當時公社的性質等的問題上也形成了很不相同的觀點。僅就西周公社組織是否還具有血緣性質這一點而言，趙世超認為西周的公社是家長制家庭公社，但謝維揚卻否定西周存在家長制家庭公社。此外，還有認為西周公社是農村公社（農業公社）但仍然帶有血緣氏族殘餘的，如金景芳、徐喜辰、韓連琪等；也有認為西周存在多種公社組織形式的，如郭豫才、林甘泉、柯昌基等。

（一）郭豫才－林甘泉－柯昌基－田昌五：多種公社形式

1、郭豫才

　　郭豫才（1909～1993）認為西周時期存在著不同類型的公社：「周族滅商

以後，爲了控制廣大佔領區，它不僅保持著甚至發展了家庭公社；在商朝原來的統治區裏還存在著農村公社；因各族社會發展不平衡，邊遠地區各族如『戎狄濮蠻』等，還停留在原始氏族公社階段。」〔註100〕

他指出：「商朝晚期，周族社會已經發展到由家長制家庭公社向奴隸社會過渡的階段。商朝雖然是奴隸制國家，也仍然保持著氏族社會的顯著殘餘，商周兩族社會發展階段相距並不太遠。周族滅商後，爲了控制原商朝的廣大統治區，周人就利用宗族關係進行分封，這樣就使家庭公社殘餘長期保存下來了。」〔註101〕

關於周代的農村公社「里」，郭豫才說：「里君是一里之長，里是地域的基層行政單位，聚居著庶族貴族以及工商和庶人等，形成以庶人爲中心的農村公社」，「里」在商代既已有之，但「里的設置，到西周更爲普遍，大邑（國）中有，野中也有」。〔註102〕與「里」相聯繫的是「社」，他根據《商君書‧賞刑》及《管子‧版法》的記載認爲：「……里中有書社，並且早在商末已經出現」，「從商末以來到春秋時期，里社是普遍存在的。商周時期的里大，所以說『里有書社』，以後里的轄區變小，一個里就是一個書社。在里社中是以家爲單位的，書社的職掌，就是按家稽查登記戶口。《周禮‧地官司徒》所描述的是以家爲單位，定期稽查登記人口的眾寡，財產的多少，以供奴隸主國家的徵收。里社既是地域組織，就不可能是家庭公社，而只能是農村公社了」。〔註103〕他認爲：「西周時期農村公社雖然還保持著原有制度的片段，但從總體的情況來考察，它已經發展到最後階段了。」〔註104〕

對於當時剝削方式的演變，郭豫才指出：「西周的國家機構，是姬姓家庭公社的擴大，土地和人民爲奴隸制國家所有。自周王以下各級貴族，都以籍田采邑的形式直接佔有和經營土地，籍田是一種大型方塊田，在公田上勞動的人，有周王以下各級貴族，他們是奴隸主階級，眾、臣和庶人是奴隸階級，奴隸的勞動是無償勞動，他們沒有什麼私人經濟，這就是『助法』的剝削方式。」而「所謂『貢』有兩種形式，性質也不同：一是貴族向周王交納的貢

〔註100〕郭豫才《試論西周的公社問題》，《河南大學學報（社會科學版）》，1983 年第 1 期，第 19 頁。
〔註101〕同上，第 20～21 頁。
〔註102〕同上，第 19、21 頁。
〔註103〕同上，第 22 頁。
〔註104〕同上，第 26 頁。

賦，貢品中沒有發現穀物；二是眾庶以井或以里等行政單位向國家交納貢賦。後者是主體。」到了西周晚期，「宣王廢籍田，標誌著在京畿區家庭公社的解體，統以里為基礎，進一步採用『徹法』的剝削方式，即每家眾庶，受田百畝，一般向國家交納什一率的實物稅，封建制開始出現，我國古代社會又向前邁進了一大步。」〔註105〕

2、林甘泉

林甘泉說：「就中國的情況來看，如果說歷史上也存在過亞細亞生產方式的一些特徵的話，那就是西周的奴隸社會。」〔註106〕

林甘泉認為：「周人在滅商以前，也已經形成了父權制的家族公社。《詩·大雅·公劉》中描寫的公劉，就是一位族長。」〔註107〕而「《詩·周頌·載芟》……是一首描寫以家族公社為單位集體耕作的詩篇。詩中的『主』、『伯』、『亞』、『旅』，是家族公社的父家長及其子弟，『強』和『以』則是包括在家族之內的非自由人。……《周頌·良耜》，也談到婦女和兒童給正在勞動的父家長及其子弟送飯，說明當時的家庭公社雖然實行集體耕作，但是各個家庭的生活消費卻是分開的。《小雅·楚茨》描寫豐收之後，家族公社的成員『濟濟蹌蹌，絜爾牛羊，以往烝嘗，或剝或亨，或肆或將』；祭祀結束後，『諸父兄弟，備言燕私』，『既醉既飽，小大稽首』。《楚茨》是西周末年的作品，可見周人的家族公社到這個時候還具有強大的生命力。」〔註108〕周人之所以能夠長期保存家族公社這種血緣共同體而沒有較早解體，「這與周人所實行的宗法制度有關。」〔註109〕

他認為當時在家族公社並未解體的條件下，農村公社這種共同體也已經形成，「《逸周書·大聚》曾談到武王克殷以後，為了鞏固周族對殷人的統治，命周公『營邑制』；……《逸周書》雖是晚出之書，可能竄入了一些戰國時代的材料。但周代的邑基本上是一種農村共同體的地域組織，當無問題。」〔註110〕不僅如此，《周禮·地官》的《大司徒》及《遂人》所記述的「六鄉」

〔註105〕郭豫才《試論西周的公社問題》，第30頁。
〔註106〕林甘泉《亞細亞生產方式與中國古代社會——兼評翁貝托·梅洛蒂的〈馬克思與第三世界〉對中國歷史的歪曲》，第138頁。
〔註107〕林甘泉《古代中國社會發展的模式》，第4頁。
〔註108〕同上。
〔註109〕同上。
〔註110〕同上，第5頁。

和「六遂」兩種不同的地方行政系統也可反映出這一點,「六鄉是國人居住的地區,他們是統治階級,長期保存著宗法制度,家族公社尚未瓦解,因而鄉黨系統就帶有明顯的血緣組織的痕跡。六遂則是野人居住的地區,他們是被統治階級,由於無宗法,家族公社已經被農村公社所代替,所以鄰里系統是一種擺脫了血緣關係的地域組織。」〔註111〕他認為「作為農村共同體的邑、裏,規模……通常在八家至二、三十家之間。這種農村共同體是一定的勞動力和一定的生產資料相結合的社會組織,因而常常被周天子和各級貴族用來作為賞賜、饋贈和交換的財產單位。」〔註112〕林甘泉還進一步指出:「作為一種地域組織,春秋以前的邑、裏、社也具有基層行政單位的某些職能,但它們與秦漢以後的地方基層行政單位鄉里在性質上有很大不同。因為前者所具備的一些經濟職能,如共同體內各家的份地要定期重新分配等等,都是後者所沒有的。」〔註113〕

林甘泉研究了中國古代土地私有化的具體途徑,在井田制的問題上,他不同意郭沫若「認為原始公社崩潰之後,作為社會基層單位的『邑』,已經變成行政機構和奴隸主控制下的勞動集中營,不能再稱為『公社』;商周時代的井田制是一種奴隸主貴族的土地國有制,而不是公社土地所有制」的觀點,而指出:「……『邑』作為地方基層行政機構和作為共同體組織並不矛盾;共同體的土地所有制也並不排斥那高踞在許多共同體之上的國君作為最高的所有者出現。……不能想像,原始公社崩潰之後,土地公有制沒有經過一定的中間階段,就立即轉變為完全的私有制。」〔註114〕

林甘泉認為:「井田之得名,是由於平原地區田間的溝渠和道路構成方整的井字形,這是古代耕作制度和排水需要所決定的。就井田的疆理本身來說,並不是一種土地所有制。但由於它可以用來作為『分田制祿』的計算單位,所以與土地所有制又有密切的關係。以井田經界為基礎的農民份地制,正是許多文明民族都曾經歷過的農村公社土地所有制。從這個意義上說井田制就是農村公社土地所有制,也未嘗不可。」〔註115〕他認為《逸周書·大聚》為

〔註111〕林甘泉《古代中國社會發展的模式》,第5頁。
〔註112〕同上。
〔註113〕同上,第6頁。
〔註114〕林甘泉《中國古代土地私有化的具體途徑》,收入文物出版社編輯部編《文物與考古論集》,北京:文物出版社,1986年,第187頁。
〔註115〕同上,第192頁。

我們提供了一個春秋戰國以前具體的農村共同體的典型，「……它所描繪的這幅農村公社的圖景，大致反映了春秋戰國以前的真實情況。在公社的小天地裏，既有農業和家庭副業，又有手工業和商業，甚至連巫醫百草也都具備，可以說是一個完全自給自足的自然經濟的社會單位。公社的土地以『分地』的形式分配給各家耕種，而在公社成員之間，還保留著幫工協作（『興彈相庸，耦耕俱耘』）的古老習俗。」〔註116〕

林甘泉說：「馬克思曾經指出，農村公社土地所有制的基本特徵是公有與私有的二重性：房屋及其附屬物——園地已經歸農民各家私有；耕地也分配給各家耕種，但仍歸共同體所有，並定期在公社成員之間重新分配。中國古代農村共同體的份地制，是否具有這種公有與私有二重性的基本特徵呢？我們的回答是肯定的。」〔註117〕

林甘泉認為西周的直接生產者，和商代一樣還是採取集體勞動的方式。〔註118〕他探討了庶人的身份問題，認為「西周的主要農業勞動者是庶人，亦即庶民」，「西周的社會結構有國野之分。國中除了居住貴族之外。國的周圍有郊，郊之外是遂，也就是野，是庶人居住的地區」，庶人「即家族公社和農村公社的普通成員。他們是貴族之下、奴隸之上的平民等級，但和奴隸一樣屬於被統治階級。庶人雖有基本政治權利，但其勞動受到嚴格的監督和管理，不能隨意行動。被周族征服的方國部落，其庶人則被剝奪了政治權利，完全處於被奴役狀態，甚至被當作物品用來賞賜。庶人由國家授田，有私有經濟，但他們要為奴隸制國家和各級貴族耕種『公田』並提供各種力役。奴隸制國家擁有的大量奴隸，主要用於手工業、畜牧業和山林川澤的開發。私家奴隸除用於家庭手工業和雜役外，也有從事農業的。家庭奴隸制獲得了充分發展，是古代中國奴隸制的重要特點。」〔註119〕

3、柯昌基

柯昌基（1934～1986）長期致力於「亞細亞生產方式」特別是「農村公社」的研究，遺著《中國古代農村公社史》是其用三十年心血鑄成的第一步

〔註116〕林甘泉《中國古代土地私有化的具體途徑》，收入文物出版社編輯部編《文物與考古論集》，第192～193頁。

〔註117〕同上，第193頁。

〔註118〕林甘泉《從出土文物看春秋戰國間的社會變革》，《文物》，1981年第5期，第35頁。

〔註119〕林甘泉《古代中國社會發展的模式》，第11、12、18頁。

系統研究我國古代農村公社的學術專著。〔註120〕

柯昌基認為：

> 原始社會實行公有制；農村公社則實行共有制。公有與共有的差別，在於農村公社的共有制是以私有制的階級社會為其前提，並非真正的公有制。

> ……農村公社及其共有制在前資本主義的歷史上佔據著十分重要的位置，不瞭解它的來龍去脈，不把它在各個歷史階段上的存在狀況、演變和作用搞清楚，許多有關的政治、經濟問題也就搞不清楚，歷史發展的這一部分必然就會成為一筆糊塗賬。……「農業公社」是農村公社同義異名的另一種譯法。……農村公社不僅是原始社會向奴隸社會和奴隸社會向封建社會的過渡，在某種情況下，也可直接導致原始社會向封建社會的過渡。而它的最後壽終正寢，則是在資本主義社會之初。〔註121〕

對於「亞細亞生產方式」，他說，「爭論多年的亞細亞生產方式並非什麼神奇或不可思議的東西，其實它就是極普通的、人所共知的亞洲農村公社」。〔註122〕

他分中國歷史上的古農村公社為三種形式：

> 一是土地國有制基礎上的亞細亞公社（或叫亞細亞共同體），如西周的井田公社，北魏至唐的均田公社等；唐以後，亞細亞公社便退出了歷史舞臺。

> 二是土地私有制基礎上的家族公社（或叫家族共同體）——同一家族在家長領導下以義門名義保持的同居共財，它的遠因可上溯到先秦，正式萌芽則在東漢，至宋而臻於鼎盛，宋以後雖稍有遜色，但仍保持著一定的勢頭。

> 三是作為封建大土地所有制附生物的宗法公社（或叫宗法共同體），它產生於北宋，是中國古農村公社的最後一種形式或殘缺不全的形式。〔註123〕

〔註120〕李桃《柯昌基遺著〈中國古代農村公社史〉評價》，《四川師範學院學報（哲學社會科學版）》，1989年第5期，第120頁。
〔註121〕柯昌基《中國古代農村公社史·前言》，鄭州：中州古籍出版社，1989年，第1～2頁。
〔註122〕柯昌基《中國古代農村公社史》，第9頁。
〔註123〕柯昌基《中國古代農村公社史·前言》，第4頁。

　　他認為先秦時期的古農村公社成員作為「普遍奴隸」與其它奴隸一道，構成了社會生產力的基礎，決定了夏商周三朝的奴隸社會性質。〔註124〕

　　柯昌基研究了先秦社會中的「亞細亞公社」〔註125〕，他認為「先秦的農村公社並非只有一種形式，在井田公社（或叫井邑公社）之外，尚存在著大家庭公社和鄰里公社，它們大體上都是同時存在」，「這幾種公社的主要共同點是在土地財產關係方面，它們都是屬於『亞細亞形態』的亞細亞公社。……在這些小集體（亞細亞公社）的上面，以專制君主為表徵的統一體（國家）才是真正的土地所有者，公社對於土地也不過是佔有者，至於公社成員個人，實際上是沒有任何土地私有權的，或者說已經失去了財產，他對於公社的土地或國家通過公社分配給他的土地，僅具有耕種的使用權而已。」〔註126〕

　　他把大家庭公社歸屬到農村公社的範疇，認為「大家庭公社是一個歷史的中間站，既有氏族公社的內容，又有農村公社的內容」。〔註127〕周初分封給魯公、康叔、唐叔的六族、七族和九宗，「其實就是以條、徐、陶、施等命名的二十二個大家庭公社，它們各自按照血緣關係列族而居，從殷至周，雖然王朝更替，政權變革，但大家庭公社的組織形式一點也未衝破，強有力的血緣紐帶把他們緊緊地捆綁在一起。」〔註128〕

　　根據《周禮》等的材料，柯昌基認為當時大家庭公社的分工十分瑣細，「在農業生產方面，除草墾荒的叫『草人』；種植糧食的叫『稻人』；耕築場圃的叫『場人』……畜牧仍佔有一定的比重，圈飼家畜的有『囿人』；放牧牲畜的為『牧人』或『牛人』；……有防止物資不被偷盜的『司門』；……如此繁雜的分工，表明公社的規模龐大，人口眾多；表明生產力水平低下，個人力量單弱只有依賴血緣集體把大家組織起來才能求得生存。」〔註129〕而依據《詩經》中的材料，他認為當時「大家庭公社的土地不僅名義上屬於周天子所有，而且其控制權直接由國家掌握，是以土地尚未在成員間進行分配，

〔註124〕柯昌基《中國古代農村公社史》，第84頁。
〔註125〕柯昌基研究了「先秦」時代的亞細亞公社，但未曾從夏商周的角度加以分代論述，鑒於他主要使用了《周禮》等的史料，本書把其放在西周部分加以論述。
〔註126〕柯昌基《先秦的亞細亞公社》，《甘肅社會科學》，1988年第1期，第76頁。
〔註127〕同上，第79頁。
〔註128〕同上，第76～77頁。
〔註129〕同上，第77頁。

勞動方式也是集體的，其景象極其壯觀」，「關於勞動成果的分配，除極少部分產品外，絕大部分都由公社集中掌握」，「大家庭公社成員，除了分配給他的勞動任務外，基本上沒有財產，所以一切活動都是公社的活動，一切事情都由公社來代表和出面料理，作為勞動者個人是毫無作為的，……原始共產制籠罩著人們的全部生活，處處都彌漫著它那濃郁的粗野氣息，可以說個人從頭到足都為它所吞噬，最突出的表現便是平均分配口糧的制度」。〔註130〕

他據《左傳》、《禮記》等材料，繼續分析認為：「大家庭公社的領導人，一般都是大大小小的貴族，……一個大家庭公社不僅是一個血緣實體，也是一個小的獨立王國，有土地，有人民，且有武裝」，「在大家庭公社中包含著許多小家庭，這些小家庭內部同樣實行財產共有制」。〔註131〕

柯昌基認為春秋戰國間大家庭公社逐漸趨於消亡，「戰爭頻仍，政局動蕩，社會的升降沉浮，使不少大家庭公社的領導人或者衰微，或者敗亡，無法再進行領導和收族；而各個小家庭的情況，亦發生劇變，財富和社會地位變得非常懸殊起來，在私有制的衝擊下，大家庭公社遂不得不宣告崩潰」。〔註132〕

他研究指出：「西周至春秋戰國間，井田（或井邑）公社的存在是極普通的事情」，「它不只存在於西周，早在夏代就應該有了」。〔註133〕他考證「井田之名繫於井義，而不是本於井形；井田制以及相應的生產組織──井田公社，不是以土地如何劃分為基礎，而是以人丁，即以勞動者為基礎」，「井田公社有兩種形式，一是孟子講的『八夫井』，……一是《周禮·地官》講的『九夫井』，……八夫井以『同養公田』實行勞役地租為特徵；九夫井以繳納『貢賦』實行實物地租為特徵。」兩種公社形式的共同之處在於：「土地均屬於國家──『普天之下，莫非王土』（《詩·小雅·北山》）。分配土地以戶為單位。」〔註134〕他還指出：「一井固為一個基層的生產單位，但還不是一個公社，公社的設置是在邑這一級。因為井田公社是一種生產同行政合一的組織」，「作為井田公社的邑，其管轄戶數，在現實生活中多寡並不一定。……公社的領導人為邑宰，……在邑宰之下還設有管理機構協助工

〔註130〕柯昌基《先秦的亞細亞公社》，第77～78頁。
〔註131〕同上，第78頁。
〔註132〕同上，第79頁。
〔註133〕同上，第82、83頁。
〔註134〕同上，第82頁。

作，……邑吏即公社管理機構的辦事人員。邑宰作為公社的長官，其主要任務是抓農業生產，春播秋收都要親自巡行視察」。〔註135〕

　　柯昌基認為由於商品經濟和土地私有制的發展，「井田公社在跋涉了漫長的途程之後，到了春秋戰國間，終於隨著土地國有制的崩潰而趨於瓦解」。〔註136〕

　　關於最後一種「鄰里公社」，他認為「它的起源同祭祀和人們的迷信思想分不開，也就是說，同『社』的觀念分不開」。〔註137〕柯昌基著重研究了當時廣泛存在於民間的土地神——置社，他認為當時「每個社都有自己的名字，……名稱不同大約是由於地域、風俗和信仰的不同。不過最普遍的還是以當地的某種樹木名社」，「……也有不受此限的，如書社便是」，「……書社是在大約一平方里這樣的地域內，由二十五家人組成的農村公社，他們供奉一個土地神，每個成員的名字都登記在公社的冊子上。里和書社是不可分的，一里一個書社，二者恰相吻合」，「……書社與其他各種名稱的置社，實際上都是同樣的社會組織，是國家的基層行政和生產單位，根據《周禮》的記載，它們的正式名稱應該是鄰里公社」。〔註138〕

　　柯昌基據《周禮》等的材料探討了鄰里公社的組織情況和財產形式，指出由於鄰里公社與井田公社的形式不同，故其採取的行政區劃亦有所不同，「鄰里公社的土地所有制關係，在性質上與井田公社一樣，同屬亞細亞形態，土地按平均主義原則進行分配，肥瘠兼搭，並附有農舍，其最大特點是土地分配直接以人丁為單位，這自然比井田公社按戶分配要先進和切合實際，共有制的成分明顯地要淡薄些，個人私有財富的積累，也容易得多。由於土地屬於國家，按規定，耕地要在勞動者之間定期進行輪換」，「鄰里公社的領導人為里宰，亦有叫『里尹』（《禮記‧雜記下》）或『里長』（《墨子‧尚同上》）等名稱的，他的職責主要是督促生產和催收賦稅，……鄰里公社作為生產同行政合一的組織，由政府任命的官員直接進行管理，這種管理，既嚴屬又全面，方式相當野蠻，成員的一言一行，無不受到嚴密的監視，只能循規蹈矩，不准亂說亂動」，「鄰里公社的成員，被稱為『里人』……成員們世代居住在同一地域，自幼至老生活在同一生產單位，精神上又有對一個土地神的共同

〔註135〕柯昌基《先秦的亞細亞公社》，第 82 頁。
〔註136〕同上，第 83 頁。
〔註137〕同上。
〔註138〕同上，第 85、86 頁。

信仰，這種種原因必然會使他們在很多方面發生休戚相關、苦樂與共的聯繫」。〔註139〕

　　柯昌基認爲「鄰里公社同井田公社一樣，其存在是以一人形式的土地國有制爲前提的，春秋戰國間，隨著土地私有制的發展和一人形式土地國有制的崩潰，它也就逐漸衰亡不存了」。〔註140〕

　　由上所述，柯昌基以極爲豐富的史料對先秦的公社組織及其存在形態作了非常細緻的研究。然而他所理解的「農村公社」、「家庭公社」的概念及其相互間的關係顯然與馬恩所說的還有所區別。

4、田昌五

　　田昌五認爲周代的所謂「公社」都是變質了的「奴隸公社」，他不贊同把井田制比附爲「農村公社」。

　　在《中國奴隸制形態之再探索》一文中，他專門談到了井田制與公社的關係及公社成員性質等的問題。他說：

　　　　井田制的存在，無疑是從原始公社演變而來的。不過，井田制是否等於農村公社，則是可以研究的。從當時自由人中的井田制來說，周代的土地國有制倒有點類似於古希臘、羅馬的城邦公社。在古羅馬，國有土地一部分按十進制分給自由人，另外的由貴族分配。當然，任何對比都是相對的，希臘、羅馬都沒有中國古代的庶人。在中國古代的庶人中也是「二十授田，六十還田」，「三年一換土易居」，倒有點像農村公社。但也有可疑之處，如《詩·周頌·載芟》講：「載芟載柞，其耕澤澤。千耦其耘，徂隰徂畛。侯主侯伯，侯亞侯旅，侯彊侯以。」就與農村公社不合轍。農村公社是地區社會組織，而這裡的「侯主侯伯，侯亞侯旅」等則爲家族組織。農村公社是以個體家庭勞動爲基礎的，而周代卻存在著「耦耕」這樣的集體勞動。很可能，庶人中存在著宗族、家族以至農村公社，情況不盡相同。所以，我不主張一刀切，統曰農村公社。但不管是什麼公社，在庶人中都已變成了奴役形式而非自由結合的形式了。因爲，他們本身既爲人所佔有，他們的土地也就成了佔有者的財產。這樣，庶人中還保留的公社分配土地的方法，必然成爲束縛他們的一條繩

〔註139〕柯昌基《先秦的亞細亞公社》，第86、87頁。
〔註140〕同上，第87頁。

索。把庶人説成自由的公社成員，是不能令人首肯的。

當然，從另一方面説，庶人中存在的由原始公社演變來的社
會組織形式也是他們的一種保障。……原始公社最後必然演變爲
農村公社，而農村公社則是從土地公有制到土地私有制的過渡形
式。到春秋時期庶人中出現了個體家庭經濟，他們中間的農村公
社可能一度有所發展，因而出現了像「書社」一類的組織。但這
種個體經濟很快又瓦解了農村公社，促使土地國有制變成了土地
私有制。〔註 141〕

他特別强調庶民「決不是什麼自由的公社成員」，而是「保留著某種原始社
會組織形式的奴隸」，「如果一定要用公社一詞，也只能説他們是奴隸公社」，
「庶人中保留的複雜的原始社會組織形式到奴隸制瓦解過程中一般發展成
農村公社，但這只是一種從奴隸制到封建制的過渡狀態。由於個體經濟的發
展，這樣的農村公社很快就瓦解了。同時，由於國人中存在的城邦公社的解
體，在中國奴隸制向封建制轉變過程中就表現爲土地私有制逐步代替土地國
有制。結果，國人在奴隸制的瓦解過程中消失了，庶人也不復是原來的含義
了。」〔註 142〕

田昌五在其晚年對於用「五種生產方式」來研究中國歷史提出了很大的
質疑，而致力於構建新的中國歷史體系，他把五帝和夏商周稱作族邦時代，
戰國至清朝滅亡爲封建帝制時代。〔註 143〕在井田制是否爲農村公社的問題上
他進一步强調指出：所謂族邦就是以「宗族」爲載體的，「對於中國古代的土
地制度，也要從這裡找答案，即宗族土地所有制或多層次的宗族土地所有制。
井田制源於家族共耕制，後來發展爲宗族土地的管理制度。有些人不明於此，
將井田制比附爲農村公社，這是根本錯誤的。試問，哪有實行共耕的村社呢？
奴隸制也以王室、公室、宗室、家室的形態而出現，這是另一種類型的發達
奴隸制。」〔註 144〕

〔註 141〕田昌五《中國奴隸制形態之再探索》（1979 年 4 月 28 日），收入田昌五著《古
　　　　代社會形態研究》，第 256～257 頁。
〔註 142〕同上，第 257～258 頁。
〔註 143〕田昌五《中國歷史體系新論》，《文史哲》，1995 年第 2 期。
〔註 144〕《社會形態與歷史規律再認識筆談・中國歷史發展體系的新構想》，《歷史研
　　　　究》，2000 年第 2 期。

（二）趙世超：家長制家庭公社

趙世超先生是新時期先秦史學界較早提出要區別「家庭公社」與「農村公社」的學者，他的這一觀點積極促成了先秦史學界對於商周公社問題的進一步探討。

他認爲西周的公社應該是「家長制家庭公社」，而不是「農村公社」，因爲「仔細研究馬克思在《給維・伊・查蘇利奇的覆信草稿》中所論列的農村公社的主要特徵，便會發現，它與中國西周公社的情況完全大相徑庭。馬克思說：『「農業公社」是最早的沒有血統關係的自由人的社會聯合。』這同按血緣宗法關係組織在一起的西周公社毫無共同之處。」〔註145〕但是「家長制家庭公社」卻與西周公社的特點十分吻合，家長制家庭公社的主要標誌，一是把非自由人包括在內，一是父權，「凡熟悉西周歷史的同志都清楚，當時我國的直接生產者正是依牢固的血緣宗法關係，在父權之下組織成公社，主要使用木石骨蚌等製成的落後的生產工具，從事集體耕作的，包括在家庭公社中的，不僅有同宗子弟，也有收入族中的奴隸，而作爲大宗的父長，任意處置宗人及奴隸的情形，則更充斥於史籍。」〔註146〕

在《周代家長制家庭公社簡論》〔註147〕一文中，趙世超先生更以大量史料論證了西周公社是家長制家庭公社而不是農村公社。他認爲周人的血緣關係不僅在滅商前顯然存在，就是在滅商後也仍不稍減，周代「聽政以族」、「授民以族」、「軍興以族」、「居處以族」、「遷徙以族」、「祭祀以族」，「血緣團體是人們從事社會生活的基本單位，就個人而言，社會只視其爲特定族中的一分子，而不承認其人格的獨立性。個人的人格常被淹沒在族裏邊，個人對外的行爲也常由全族代爲負責」，「族亡與亡，族存與存，一言以蔽之，血緣關係在某種意義上說，就是人與人間的社會關係。」他以《小雅・斯干》、《小雅・鴻雁》爲據，認爲西周時期的住宅還不可能完全實現私有，「即使到了春秋時期，反映房舍私有的材料也還是難於尋見的」，而園地的私有也是如此，只是到了戰國諸子的著作中（如《韓非子・說林下》、《外儲說左上》等），反映宅圃私有的記載才開始露頭。他分析周初農事詩《周頌・載芟》、《周頌・良耜》中描寫的農業勞動的情景，認爲當時的勞動仍是集體勞動，「勞動的產

〔註145〕趙世超《西周的公社是農村公社，還是家長制家庭公社？——學習馬克思、恩格斯關於公社問題若干論述的體會》，第30頁。
〔註146〕同上，第31頁。
〔註147〕趙世超《周代家長制家庭公社簡論》，《民族論叢》，1982年12月第二輯。

品歸仍集體所有，大家居處在一起，全家族的生計都是由家長代表全族統一主持的」，而且就是在反映西周後期農業生產情況的農事詩——《小雅》中的《楚茨》、《信南山》、《甫田》、《大田》等——中，集體生產、共同生活的特點依舊存在。趙世超先生認爲周代集體勞動還流行於除農業之外的其他各項生產活動（如狩獵、採桑、采集、園圃經營、放牧、紡績等）中，「那種男耕女織，產品歸自己所有的個體生產單位在周代始終沒有形成。」他認爲周代家長制家庭公社具有「一是把非自由人包括在家庭以內，一是父權」的特點，而如家長多妻，公社靠血緣關係來維持，家庭成員集體從事生產等，周代顯然也都是具備的。

　　趙世超先生還專文分析了周代家長制家庭公社在階級社會中繼續存在的原因〔註148〕，他指出，「國家的產生可以有不同的具體形式，……一條道路是：隨著生產力的逐漸提高，『較密的人口在一些場合形成了各個公社之間的共同利益，在另一些場合又形成了各個公社之間的相牴觸的利益』，爲了『保護共同利益和反對相牴觸的利益』，而建立了獨立的、代表整體的新機構——國家。另一條道路則是：『當人的勞動力所能生產的東西超過單純維持勞動力所需要的數量』、『維持更多的勞動力的資料已經具備』、『使用這些勞動力的資料也已經具備』時，『戰爭卻提供了這種勞動力』，人們讓戰俘活下來，並且使用他們的勞動，這樣，『奴隸制被發現了』，並且『很快就在一切已經發展得超過舊的公社的民族中成了占統治地位的生產形式』，最終促使公社走向衰弱而讓位給國家。……前者矗立在『各個公社』之上，只有後者才以舊公社的被炸毀爲前提。可見，從國家起源的角度來看，說周代依然存在家長制家庭公社，原是不足爲怪的。」而且，恩格斯所說的偶婚制家庭到「現代世界的個體家庭」的過渡階段也十分漫長，「它包括了從父權制取代母權制開始，直至資本主義社會以前的整個歷史時期。在全部過渡階段上，雖然也曾有作爲經濟單位的一夫一妻制個體家庭出現，但家庭的基本存在形式卻是父權家長制家庭公社，或相對變小了的家長制大家庭」，「家庭發展的這種總規律，也是我們主張周代奴隸制社會中存家長制家庭公社的主要依據」。他認爲簡陋的生產工具和原始落後的自然環境所導致的土地共同耕作是周代家長制家庭公社長期存在的經濟原因，周代私有制的不發達，無力衝破由原始社會延續

〔註148〕趙世超《試論周代家長制家庭公社存在的原因》，《河南大學學報（社會科學版）》，1984 年第 4 期。

下來的血緣組織，這也周代家長制公社長期存在的原因之一。此外，「周初封邦建國，以對付蠻夷戎狄爲主要目的，客觀形勢要求周人在內部繼續保持並加強宗族觀念，而宗族觀念在人們心理上長期保持，也是周代家長制家庭公社續存的重要條件。」

趙世超先生否認西周存在「井田制」。〔註149〕他認爲「孟子『井田』說賴以建立的前提是個體勞動普遍化；只有個體勞動已經成爲可能，才會出現『八家皆私百畝』的事實」，但「西周的農業勞動是在父系家長的領導下，由長子及其兄弟、血緣關係稍遠的叔伯兄弟、眾多的子侄及家內奴隸共同參加、集體進行的」，因此井田制不可能存在。他分析《大田》詩中「雨我公田，遂及我私」一句，說道：「一些古文字學家指出，《大田》中的『公』字本像人首之形，韓非所謂『自營爲私，背私爲公』，只是戰國時代私有財產普遍化以後的後起義。侯外廬先生則說：『公是指的大氏族所有者，私是指的小宗族所有者。』除使用『所有』一詞未必貼切外，我們極贊同侯先生的意見。隨著生產的發展和人口的增加，固然要不斷出現家族的分化及土地的分割，但分化的結果最初只能是產生更多新的家族集團，而不是造就大批個體生產者。」

趙世超先生認爲西周的「國」、「野」之中充斥著各種公社組織，國中雖然已經出現「里」這樣的地域組織，但卻影響有限，「國」中真正的政治經濟實體仍然是族，而不是里，由於「野」中的發展水平落後於「國」。其血緣關係的成分必然更加濃厚。〔註150〕對於這種以公社爲基礎的社會的性質，他作了如下的評述：

> 國、野之間的關係是一種統治和剝削關係，應是毫無疑問的，
> 但這種統治和剝削屬於什麼性質，卻是歷來爭論的焦點。認爲西周
> 是典型奴隸社會的同志，視野人和主要由戰俘轉化來的臣妾爲一
> 體，抹殺了兩者之間的區別。魏晉封建論者籠統地把野人和下層國
> 人稱爲公社社員，沒有看到野人大部分是被征服或因他故降爲臣屬
> 的族眾，國中和野中雖都普遍存在公社，但兩種公社社員的地位卻
> 應有所不同。西周封建論者強調野人的身份遠較奴隸自由，並特別
> 注重徭役勞動，認爲那同馬克思說的勞役地租沒有什麼兩樣。表面

〔註149〕趙世超《西周不存在井田制》，《人文雜誌》，1989年第5期。
〔註150〕趙世超《周代國野制度研究》，西安：陝西人民出版社，1991年，第78、82頁。

看似乎不無道理，根本上卻離事實最遠。封建主壓迫農民的力量來
自土地，「大地是中世紀封建社會的真正基礎」，西周完整的土地私
有制尚未形成，只靠「普天之下，莫非王土」來說明土地歸王所有，
也終究顯得蒼白無力。徭役勞動不是封建社會獨具的剝削形式，而
且在多數情況下都出現於農奴制之前，對此，學者早有論證。至於
野人的地位稍高於典型奴隸，主要是因為土地廣大，部族林立，國
人狹窄的生產領域無法安置更多的人來從事勞動，所以便只能容忍
野人仍舊保持其氏族或家族共同體。斯巴達建國於美塞尼亞一帶
時，統治的對象主要限於希洛人和皮里阿西人，尚且不能推行典型
的奴隸制，西周各國周圍的氏族或家族卻多到不可勝數，在這一前
提下，生活於族中的野人處境略優，原本不足為奇。由此便把他們
定為農奴，實在缺乏根據。

　　在我們看來，若把野人看成「普遍奴隸」，似較易於為人接受。
因為在西周，野中的「一切小公社」之上，已經出現了作為「綜合
單位」的高級所有者，雖然事實上存在著「部落財產和公社財產」，
生產也「大部分是狹小的公社範圍以內通過手工業與農業的結合而
進行的」，但憑藉征服及其他途徑建立起來的統治關係，卻使野中「公
社底一部分剩餘勞動屬於上級的集體。」造成這種結果的根本原因，
不是野人被剝奪了土地，而是他們「作為土地的有機附屬物跟土地
一起被佔領」，人身佔有的程度及方式儘管和典型奴隸制不同，人身
佔有關係的存在卻不能因此而否定。另一方面，大部分野人除受國
中貴族的奴役之外，在本公社內，也完全處於家長專制父權的支配
之下，加之生產不能獨立，個人便淹沒在家族中，而不是游離於家
族外，人格已經被泯滅，所謂自由，僅是說他們有別於終日靠皮鞭
驅趕的典型奴隸，比起有一定私有經濟、并從事個體勞動的農奴來，
差距還是很遠的。〔註151〕

總之，趙世超先生關於「農村公社」的理解雖然仍值得商榷，但是他所
指出的西周社會是以血緣關係和公社為基礎的社會的觀點無疑是極為正確
的。然而這種社會的性質是否就如其所說的——是「普遍奴隸制」的社會？

〔註151〕趙世超《周代國野制度研究》，第130～131頁。

這恐怕還需要深入的討論。

（三）金景芳－徐喜辰－俞偉超－韓連琪－謝維揚：農村公社

1、金景芳

金景芳認爲「井田制實際上是馬克思恩格斯所論述的農村公社（也稱農業公社）或馬爾克在中國的具體表現形式」〔註152〕，他說：

> 農村公社，按照馬克思的說法，應當是和國家同時產生的。因此，作爲一種土地制度來說，它不是原始時代的土地制度，而是文明時代的土地制度，在中國，它是奴隸制時代的土地制度。〔註153〕

他根據馬克思《給維·伊·查蘇利奇的覆信草稿》及恩格斯《起源》中關於公社問題的論述認爲：「中國井田制產生以前，也必然經過氏族公社和家庭公社兩個歷史階段，不過，古史淪湮，已不可考。」他認爲「……胡適完全否定井田制，固然不對，郭沫若同志所謂井田制有兩層用意的說法，也肯定不符合歷史實際。」〔註154〕在研究了《遂人》、《小司徒》及《大司徒》等文獻之後，金景芳指出，井田制的本質特點正在於把土地分給單個家庭並定期實行重新分配。〔註155〕

他認爲西周是中國奴隸社會的全盛時期，「殷道親親，周道尊尊」，「……周道尊尊是重父統，殷道親親是重母統。……重母統反映還帶有氏族制度受血緣關係支配的痕跡。重父統則反映階級社會突出階級關係的特徵。」〔註156〕周人「創立宗法，其意義就是在當時社會政治生活中血緣關係與階級關係並存的情況下，不使利用血緣關係與階級關係相對抗，而令血緣關係服從階級關係」，「所謂『禮』，……不是別的，就是當時統治階級內部人們共同生活及其行爲的準則和規範。在周禮裏邊，包含有血緣關係和階級關係的內容，而階級關係則居於統治地位。這正反映當時社會存在的真實情況。」〔註157〕

他說：「事實證明，氏族制度是以血緣團體爲基礎的，完全受血族關係的支配。國家出現以後，國家的基層單位是地區團體而不是血緣團體了。然而

〔註152〕金景芳《論井田制度》，第1頁。
〔註153〕同上。
〔註154〕同上，第6～8頁。
〔註155〕同上，第8～10頁。
〔註156〕金景芳《馬克思主義關於奴隸制社會的科學概念與中國古代史分期》，收入《金景芳古史論集》，第296、297頁。
〔註157〕同上，第298、302頁。

這時由於國家剛剛從氏族社會脫胎而來，仍然不能不在較大的程度上受血族關係的支配。中國奴隸制國家只是到了西周時期才改變殷道親親爲周道尊尊。也就是說，在社會生活政治生活中，血緣關係與階級關係兩種力量的對比，發生了根本性的變化。過去，血緣關係在較大程度上占支配地位，現在是較大程度上階級關係占支配地位。」〔註 158〕

2、徐喜辰

徐喜辰認爲「西周奴隸社會中的土地所有制基本上是一種從公有制到私有制的『中間階段』的公社所有制即井田制度」，「西周時期的『國』中和『野』裏雖然都保有公社及其所有制即井田制度，但是兩者的形式並不完全相同」。〔註 159〕

他分析當時的公社及其組織結構，以爲「西周時期的公社，在文獻典籍中稱爲『邑』」，「有的稱邑曰『鄙』」，「邑或鄙雖有十室、百室之別，一般約爲三十家左右」，除此之外，「當時的公社，還有稱曰『社』者」，但「不論邑、鄙或社，都是由原始社會殘留下來的共同體，而且都有封疆之限」，而且「西周的公社，和商殷時期同樣，也是以許多小邑集聚而成的」，「西周時期的公社農民，都是按族聚居的。……族的一級就是當時的基層公社組織，族有百家」，公社農民在公社中受到嚴格的管理。〔註 160〕

徐喜辰詳細研究和區別了「國」、「野」中的公社及井田制的情況。

對於「野」中的情形，他說：「居於『野』裏的多是夏商族後裔，周滅商後，他們的公社幾乎原封不動地沿存了下來，因而，『公田』和『私田』在空間上是明顯分開的。『野』裏的公社農民除了耕種自己的『私田』外，還要助

〔註 158〕金景芳《馬克思主義關於奴隸制社會的科學概念與中國古代史分期》，收入《金景芳古史論集》，第 300 頁。

〔註 159〕徐喜辰《井田制度研究》，長春：吉林人民出版社，1984 年，第 126、127 頁。徐喜辰在此書「第一章　緒論」第一節中引用馬克思給查蘇利奇《覆信草稿》中有關「農業公社」公私兩重性的論述來研究井田制，而強調「我國商周社會中的井田制度是一種從公有制到私有制的『中間階段』的公社所有制」，他並且又把井田制度對應於馬克思在《德意志意識形態》中所說的「古代公社所有制和國家所有制」，亦即《資本主義生產以前的各種形式》中說的「第二種形式」，這樣顯然就把馬克思在各個階段所說的公社概念雜糅了起來。不過，從徐喜辰的論述看來，其所謂的「古代公社所有制」大致仍然可以歸入「農村公社」的範疇。

〔註 160〕同上，第 127～133 頁。

耕『公田』，……這種助耕『公田』的做法，在古代文獻中稱之為『助』或『藉』。……由於當時有『公田』和『私田』之分，『公田』上的收穫物歸於國家，『私田』上的收穫物則歸公社農民。」〔註 161〕他認為西周「野」中的公社土地是要定期分配的，「西周時期『野』裏的公社土地，最初是每年要『均田』一次，接著就『三年換主（土）易居』的情形，和恩格斯在《馬爾克》一文中所說日耳曼人最初是一年重新分配土地，接著是三年、六年、九年或十二年分配一次的情形是完全一樣的。」〔註 162〕

關於「國」中，他認為：「周族奴隸主貴族在其率領公社農民到各封國構築城池武裝殖民時，在『國』中，表面上並沒有在空間上和『私田』相對的『公田』存在，而實際上把『公田』集中在一個地區，每年由『國』中的公社農民集體耕種，這就是古代文獻中所說的『籍田』。在『籍田』上進行始耕典禮，謂之『耤禮』，也簡稱為『耤』。」〔註 163〕他認為「從《詩經》裏的農事詩看來，在西周時期的『國』中也普遍地存在著土地定期分配制度。當時把土地分為三種：一種是新開墾的土地，叫做『菑田』；一種是第一年正式耕種的土地，叫做『新田』；一種是耕種兩年以上的土地，叫做『畬田』。這種區別，從周初開始就有。」〔註 164〕

徐喜辰還考察了西周時代的宅地、園圃、牧地及山澤，他認為「西周時期每戶都授有五畝宅地，殆勿容疑。不過，這種宅地，與『私田』不同，不定期分配，似有後來的永業田性質，不得隨意買賣」，「這種宅地，在古代文獻中又稱為『廛』」，除此之外，「西周和商朝同樣都殘有公社組織——邑，在春秋農忙時期，還要在田野裏建立一個簡陋的小屋。在邑中的住處叫『室』，在田野中的小屋叫『廬』」。〔註 165〕他推斷「西周時期，除授民百畝農地外，似乎又於城邑接近之地還別授園圃地十畝，使之種植桑麻、瓜蓏、蔬菜之類的作物」，「除了前述的農地、宅地、園圃外，還有為廣大公社農民共同使用的山林、陂澤和牧地等。這些公用地與公社內的耕地一樣，其最高所有權也是操縱在周天子手裏」。〔註 166〕

〔註 161〕徐喜辰《井田制度研究》，第 133～134 頁。
〔註 162〕同上，第 140 頁。
〔註 163〕同上，第 140～141 頁。
〔註 164〕同上，第 149 頁。
〔註 165〕同上，第 157、159 頁。
〔註 166〕同上，第 164 頁。

　　徐喜辰認爲井田制的公社土地佔有制度在西周末年就開始逐漸瓦解了，其標誌性的重大歷史事件，一爲「宣王即位，不籍千畝」，二爲「即喪南國之師，乃料民於太原。」〔註167〕

3、俞偉超

　　俞偉超主要圍繞「單」的問題研究了周代的公社組織。

　　他認爲「單」這種公社組織，在整個兩周時期都存在，而且又在不斷地變化之中，其中的第一次變化——地緣關係的加強——發生在周初。他以西周金文陵氏與龔氏共用「◇單」的徽號爲例分析了這種變化，認爲一個「單」內可以存在兩個甚至是更多的氏族的現象，即族名、公社名與地名分離的現象在周初就很可能已經出現了，「按照科瓦列夫斯基和馬克思的說法，氏族公社發展的下一個邏輯階段是家庭公社，這時，從前的氏族的若干支系便形成若干大家族。再進一步的變化便是地緣關係日益加強，此時就進入到了農村公社階段。馬克思是把以地緣關係的維繫爲主作爲農村公社區別於前一種公社形態的首要特點來看待的。放在這樣一種變化的軌道上，族名、公社名和地名的從統一到分離，應當是隨著家族公社向農村公社的過渡而逐步實行的。」〔註168〕

　　他還研究了西周時期出現的「里」和《周書・大聚》中所見周代的「彈」。認爲「『里』字是從有農田的聚落以及居民們因地緣關係而聯繫在一起這種復合概念而發生的」，「『里』字中包含的強調『居也』、『止也』這種地緣關係的意義，……可以從一個側面反映出以前的家庭公社因加強了地緣關係的因素而過渡到了農村公社的階段」。〔註169〕而「彈」、「勯」、「助」及「藉」其意義實際上都是相通的，據其實行的土地制度、居民組織以及農業協作勞動的特點，可以判定，「周代的『彈』或『勯』、『里』的性質，就是農村公社」。〔註170〕

4、韓連琪

　　韓連琪認爲：「西周的土地所有制是屬於馬克思所說古代的亞細亞的形態，井田即古代的農村公社；作爲村公社的井田中的生產者的庶人，就是馬

〔註167〕徐喜辰《井田制度研究》，第175～179頁。
〔註168〕俞偉超《中國古代公社組織的考察——論先秦兩漢的單－僤－彈》，第44～52頁。
〔註169〕同上，第56～57頁。
〔註170〕同上，第57～63頁。

克思所說的『即公社的統一體人格化的那個人的奴隸』。這時公社的農民雖然通過自己所屬的公社分配得一塊『私田』，但公社的土地還需要定期重新分配，與此適應的剝削方式，是助法，亦即籍法。公社土地的由定期分配到永久佔有和助法的變爲徹法，是開始於西周末年周宣王『不籍千畝』，在周王畿內籍田制的廢止以後。」〔註171〕他說「周代的奴隸制政權的全國土地，雖爲公社所有，但實際上則不管公社的土地以及通過公社才能分配的部分『私田』的公社農民，都是屬於王有或國有的」，「因此，在周代的金文和文獻中也就經常可以看到作爲公社成員的庶人和土地、奴隸一樣被封賜的情形」。〔註172〕

關於井田制，他指出「作爲周代農村公社的井田有兩種，一種是周族統治部族的公社，公社的生產者即庶人；另一種是殷族和其他被統治部族的公社，被統治部族的公社成員，就是《尙書・召誥》篇所說的『殷庶』和『庶殷』。周族統治部族的公社成員居於『國』，也就是《周禮》中的鄉、遂，稱爲『國人』。……殷族和其他被統治部族的公社成員居於『野』，也就是《周禮》中的都鄙，所以被稱爲『野人』。」〔註173〕「……由於國或鄉遂和野或都鄙的井田規制不同，公社農民在公田上共同耕作的情況，也是不同的。在野的井田制，是公田和私田即在每個井田之中，由八家共同耕種其中的公田，然後各家的農民再用自己的力量來耕種自己的私田；國中的井田制，則是十夫千畝，中無公田，公田不是分散在『十夫爲溝』的井田以內，而是和私田相隔離，集中的存在著的。鄉遂或國中的公田，也被稱爲籍田。」〔註174〕除此之外，公社的剝削量也是不同的，「在國或鄉遂『十夫爲溝』的公社中，共同耕種的公田是百畝，每夫耕種的公田爲十畝，剝削量爲十分之一，即《公羊傳》所說的『什一而籍』；而在野或都鄙『井九百畝，各家皆私百畝，同養公田』的公社中，每家耕種的公社爲十二畝半，則剝削量爲九分之一，即孟子所說的『九一而助』。……在野或都鄙中的公社農民在春夏秋農忙時，在田中都還有簡單的廬舍，可供憩息，……周稅輕近而重遠的原因，鄭玄以爲是『近者多役也』。所謂『近者多役也』，指的是兵役。因爲在周代國中的公社

〔註171〕韓連琪《西周的土地所有制和剝削形態》，收入《先秦兩漢史論叢》，第52頁，原載《中華文史論叢》1979年第一輯。
〔註172〕同上，第53頁。
〔註173〕同上，第54頁。
〔註174〕同上，第63頁。

農民服兵役，『野處而不曉』的野人是不服兵役的。至於一般力役之徵，則也是野重於國中的。」〔註 175〕而且，無論國或野的公社井田都存在著休耕的制度，除了土地之外，住宅也要定期分配，「換土易居的標準，是爲了『財均力平』，『肥饒不得獨樂，墝埆不得獨苦』。另一個標準，是人口和勞動力的多少，這是和周代的服役制度相關的」。〔註 176〕

韓連琪指出：「……在周代，過去以血緣爲紐帶的氏族公社，已爲以地域爲紐帶以近鄰爲聯繫的農村公社所代替。只是在周代的這種以地域爲紐帶的農村公社，仍然保留著濃厚的氏族制殘餘。」〔註 177〕

韓連琪認爲「『同養公田』的井田制或籍田制的破壞，開始於西周末年的周宣王時期。《國語·周語》說『宣王即位，不籍千畝』，這說的並不只是籍田典禮的廢止。籍田制破壞後，田稅的制度也就由『什一而籍』的助法，變爲『什一使自賦』的徹法。籍田制的破壞和助法的變爲徹法，這是生產力發展和階級鬥爭的結果」。〔註 178〕但是「由於各地區生產力發展的不平衡，它不是在全國一下子就完成，而是陸續完成的。以全國範圍來說，是周王室完成的較早，而列國完成的較後。以周王室來說，是國中或鄉遂完成的較早，而野或都鄙完成的較後，即國中或鄉遂先由籍田制的助法變爲履畝而稅的徹法，而野或都鄙中則仍暫時保持著孟子所說的『八家皆私百畝，同養公田』的井田制」。〔註 179〕「……直到春秋後期有些國家還是實行著籍法，也即助法的。在列國中土地的由定期分配到永久佔有，『什一而籍』或『九一而助』的助法之爲『履畝而稅』的徹法所代替，一直經歷了整個春秋時代，……但是，這一變化，也還只是村公社本身土地分配和剝削方式的變化，並不意味著公社的最後解體。這時，公社農民對土地依然只有享有權，而沒有所有權，村社的土地國有制性質並沒有發生變化。村社土地所有制在法令上的最終廢止和土地私有制的正式形成，乃是在戰國時代商鞅變法的『廢井田，開阡陌』以後」。〔註 180〕

〔註 175〕韓連琪《西周的土地所有制和剝削形態》，收入《先秦兩漢史論叢》，第 68 頁。
〔註 176〕同上，第 69～72 頁。
〔註 177〕同上，第 59～60 頁。
〔註 178〕同上，第 72～73 頁。
〔註 179〕同上，第 74～75 頁。
〔註 180〕同上，第 76～77 頁。

5、謝維揚

謝維揚（1947～）不同意「有些學者誇大血緣關係在古代社會生活和政治中的作用」的做法，他認為：「人類進入階級社會後，由於私有制的進一步發展，不同類型的父系家庭公社由不同的途徑趨向解體，逐漸被獨立的小家庭，亦即核心家庭，或稱個體家庭所代替。這裡最重要的變化就是財產所有權歸個體家庭所有了，並且它們開始獨自居住。當然，這並不排除仍有一部分擴展家庭的存在。……在氏族解體過程中，已經獨立的父系家庭之間仍可能保持一種特殊的血緣聯繫，這就是恩格斯所說的在規模上『介於』氏族與家庭公社之間的『某種共產制親屬體團』。馬克思稱之為組合家庭，蘇聯人類學家稱之為父系宗族公社……。但是宗族公社作為『共產制親屬集團』的特徵在階級社會中已逐漸泯滅，從而蛻變成為用血緣手段來聯合約束各親屬家庭的一種宗法團體。周代的同氏集團和同氏集團內的近親集團就是屬於這種宗法性質的團體。對於這種與父系宗族公社有區別的家庭集團，可以稱之為父系宗族。」〔註181〕

他指出：「當人類進入階級社會並出現城鄉差別以後，分別居住在城市和鄉村中的不同的階級和階層中的家庭形態的發展，便有可能分道揚鑣。……在中國周代，父系宗族主要是在居於國中和都邑中的貴族階級（包括低級貴族）中發展。而在承擔大部分農業生產、居於國中『六鄉』和野中的庶人階層中，便缺乏這種父系宗族的組織。在他們中間，是沿著另一條道路發展起了農村公社這種共同體形態。這種形態，也是在父系家庭公社解體之後出現的，以個體家庭為基礎的人們共同體形式，但在結構和家庭的外部關係上與父系宗族有很大不同。因此，中國周代在家庭形態上是有兩種類型並存著。就其各自的背景而言，一種類型是與父系宗族相聯繫，另一種類型則是與農村公社相聯繫。而就其家庭本身的構成而言，兩者都已進入了個體家庭階段（不排除有擴展家庭存在）。」〔註182〕

謝維揚反對一些學者主張周代家庭形態是家長制家庭公社或父家長大家族制的觀點，他說：「有的學者進而認為夏商周三代國家的國家機器都是『以血緣關係為紐結的家長制家庭公社的國家化』。他們的這種觀點在很大程度上是針對周代貴族階層家庭而言」，但是「按照目前民族學者的一般結論，父系

〔註181〕謝維揚《周代家庭形態》，第6、266頁。
〔註182〕同上，第266～267頁。

家庭公社（亦稱家長制家庭公社或父家長大家族）是屬於人類由原始社會晚期向階級社會過渡時出現的家庭形態。周代貴族中的擴展家庭，由於它們可包括兩個旁系以及少數可包括三個旁系的親屬，也就是可由一個祖父或曾祖父的兩代或三代後裔組成，所以，在家庭成員的組成上與父系家庭公社有比較接近的地方。但實質上兩者之間卻有著許多重要的區別。」具體說來：「首先，父系家庭公社是不脫離生產的血緣團體。……然而，周代貴族中的擴展家庭卻完全不是生產單位，它們早已脫離了生產，而只是消費和生育的單位。周代無論高級貴族或是低級貴族，都是國家政治、行政、司法、軍事等部門的各級官員或候補官員，他們自身並不參加生產，而依靠剝削被他們所佔有的采邑和祿田上的農民生活，即所謂『大夫食邑，士食田』。在父系家庭公社時代，階級還沒有真正形成，在一塊土地上從事生產的人與依靠這塊土地消費的人是同一的。但在周代，在一塊土地上從事生產的人並不能完全消費它，而由另一部分併不從事生產的人參與消費。這兩部分人並不在一個『公社』中，他們有各自的家庭。這種情形，無疑是生產力水平的提高和階級的形成所帶來的結果。可見，周代的貴族家庭與父系家庭公社是屬於不同社會發展階段上的兩種性質不同的家庭形態，把它們混為一談，就抹殺了兩個不同社會發展階段的深刻差別。」「其次，父系家庭公社是在父系氏族的體制下存在的。在氏族之下，才分出若干父系家庭公社。氏族對於分屬在各個家族公社內的成員仍有相當大的約束力和凝聚力，是一個共同體實體。氏族有首領。……周代貴族家庭則與此有很大不同。周代貴族家庭之上，已不存在氏族，既沒有氏族首領，也沒有關於氏族成員權利和義務的規範。……在周代貴族家庭之上的一種比較具體的血緣聯繫是同氏集團即宗族的聯繫。這種同氏集團在組成上與父系氏族制度下的父系宗族公社有某些相像，但它也已經不是氏族時代的父系宗族公社那樣的『共產制親屬集團』了，它所屬的每個貴族家庭都是獨立的經濟單位……周代的貴族家庭之所以已經擺脫了氏族的制約，並且也擺脫了氏族時代的父系宗族公社的制約，是因為它們是完全建立在私有制基礎上的家庭，所以它們在本質上是同氏族制度不相容的。從這個意義上說，它們本身就是氏族制度瓦解的產物。」「第三，從父系家庭公社與周代貴族家庭各自構造上的特徵來看，父系家庭公社的規模也遠比周代貴族家庭的規模大。……中國史前時期父系家庭公社的規模應該也在一百人以上。周代貴族家庭顯然遠不及這樣的規模，較大的擴展家庭一般也不超過含

兩個旁系，一個祖父的後裔同居一處已經是大家庭了。這種家庭在一般情況下是達不到一百人以上。包括二十至三十個核心家庭的規模。這兩種家庭形態在規模上的差別不是偶然的，這是因為父系家庭公社是在個體家庭產生以前出現的家庭形態，而周代貴族家庭則是在個體家庭產生以後的時代裏的家庭形態。」〔註183〕

對於當時的庶人階層，謝維揚認為他們都從屬於農村公社，「在這一點上，周代庶人階層的家庭便與漢代以後封建社會的依附農民、租佃農民和自耕農的家庭不同。這個不同就是：封建依附農民、租佃農民和自耕農家庭是單個地與地主或國家發生關係，而周代庶人則是在農村公社中集體地與貴族或國家發生關係。」〔註184〕

他首先研究了六鄉庶人的情況，認為「農村公社的特徵，首先表現在它是由不同血緣的家庭聯合而成的農村共同體」，而「周代六鄉庶人的情況正是這樣。孟子說，『鄉里同井』的人『出入為友』，可見他們並不是親屬。他又說在一井之中，由『八家』『同養公田，公事畢然後敢治私事』。這裡明白無誤地是說『八家』，而不是一家。這也反映出同井的人不是親屬。正因為鄉里庶人家庭不是與親屬家庭組成氏族公社，所以，無論是《國語・齊語》，還是《周禮》所反映的鄉里居民的組織系統都是地域性的，而不是血緣性的」。除了非血緣性的特徵外，謝維揚說農村公社的第二個基本特徵「是農村公社的土地是歸公社集體佔有的，同時公社中的各個家庭實行個體耕作。……而土地歸公社集體佔有的一個表現，就是公社在社員間定期重新分配土地。由於土地實行定期分配，故任何耕種者都不能單獨佔有所耕作的土地。這種情形在周代六鄉庶人中也可以看到」。他以《小司徒》、《遂人》、《鄉大夫》、《呂氏春秋・孟春紀》、《禮記・月令》以及《大戴禮記・夏小正》等材料對此進行了說明，並且進一步指出：「土地在各家庭間分配，已經說明土地的耕作是由各家獨自進行的。……有人認為周代生產力還沒有達到實行個體家庭耕作的水平，這是沒有根據的。從民族學材料來看，父系家庭公社解體後，個體家庭耕作制是必然的結果。」此外，他還指出：「周代六鄉庶人是處在農村公社共同體中，還確切地反映在周代的公、私田制度上。這就是孟子所說的『方里而井，井九百畝，其中為公田，八家皆私百畝，同養公田，公事畢然後敢

〔註183〕謝維揚《周代家庭形態》，第292～295頁。
〔註184〕同上，第295頁。

治私事』。幾個個體家庭在各自耕種分配給自己的土地的同時，還共同耕作一塊公田。這種情形與馬克思談到的多瑙河流域諸公國的農村公社制度極爲相似」。他認爲：「農村公社共同體，就其實體的形式而言，可能就是一個村落，但也可能是比自然村落更大或更小的一些居民單位。從各種材料的記載來看，在六鄉庶人中，《齊語》所說的『里』和《大司徒》所說的『閭』這兩極組織，是比較接近於我們所說的農村公社實體形式的。」〔註185〕

謝維揚還研究了野中的庶人，他認爲：「周代野人與六鄉庶人一樣，也是由不同血緣的家庭聚居在一起。《周禮・地官・遂人》就野中庶人的居民組織云：『五家爲鄰，五鄰爲里，四里爲酇，五酇爲鄙，五鄙爲縣，五縣爲遂。』這套編制系統在細節上同《大司徒》和《齊語》對於六鄉居民編制系統的記載一樣，並非完全可信，而它反映出野人中的居民組織是地域性的。在野中同樣已經不存在父系氏族的制度。野人甚至連姓都沒有，說明他們已經完全失去了與昔日氏族制度的聯繫。」他根據《孟子・滕文公上》、《小司徒》、《遂人》等中的有關材料指出：「以不同血緣的家庭聚居在一起的野人同六鄉庶人一樣，也是處在農村公社共同體中」的，「野中作爲農村公社成員，像六鄉庶人一樣實行土地的定期重新分配，……由於實行定期重新分配土地的制度，野人在耕作制上也顯然是由各個家庭獨立進行」，「野中農村公社的實體形式應就是邑，即村落。邑是分佈在周代各國野鄙中的居民聚居點。在這些大量的邑中，除了作爲貴族居住地的都邑外，都屬於這種性質的村落」。〔註186〕

謝維揚認爲：「野中庶人的農村公社與六鄉庶人的農村公社的區別，在於擁有這些公社的貴族或國家（周王及諸侯）在佔有這些公社的剩餘勞動時採取的方式不同。對於野中的農村公社，採取的是直接佔有公田收穫物的方式，即所謂『九一而助』。對於六鄉的農村公社，則採取按一定比率徵收公社收穫物的方式，即所謂『什一使自賦』。前者類似於勞役地租，後者類似於實物地租。因此六鄉庶人享有比野中庶人較好的勞動條件，這同他們各自不同的身份顯然是有關係的。」〔註187〕

他指出：「周代庶人中農村公社的存在意味著他們的家庭受到公社的制約。但這種制約不像宗族對族人家庭的制約那樣是憑藉血緣上的理由實現

〔註185〕謝維揚《周代家庭形態》，第 296～299 頁。
〔註186〕同上，第 300～301 頁。
〔註187〕同上，第 301 頁。

的。同時，公社對其成員的家庭很可能並沒有如宗族對族人那樣嚴厲的處置權。公社就其形成的動因來說，應是各庶人家庭間的一種聯合。因此它在內部事務的處理上主要是採取民主方式。而有權支配和處置整個公社及公社成員的貴族並不在公社之中。公社對各成員家庭的制約主要體現在每個家庭都沒有獨立使用和支配土地的權力。土地是以一個公社為單位共同使用的。這就使每個家庭都受到公社其他家庭的制約。因而在經濟活動上庶人家庭的獨立性並不完全。公社各成員家庭間因此而在日常生活中建立起十分密切的、固定的互助關係，即所謂『祭祀同福，死喪同恤，禍災共之』，互助原則是在農村公社內部處理一切問題的主題。公社成員對於公社的依賴因而到了不能隨意離開的地步，以至『死徙無出鄉』。這樣，就形成了周代農業勞動者附著於土地的現象。貴族佔有了土地，也就等於佔有了附著在土地上的庶人。……總之，在周代農業生活中，公社作為一種人們共同體單位要比單個家庭更為活躍和重要。這種情況與中國封建社會中農民家庭單個地與地主或國家發生關係是不同的。」而且，「周代庶人階層的農村公社已經不是處於原始社會末期和由原始社會向階級社會過渡時期的原生的農村公社，而是沿續到階級社會中的農村公社形態。民族學中稱這種形態為『蛻變質態』的農村公社，也就是馬克思說的『次生形態的村社』。這種村社與原生的農村公社在土地所有制、社員社會身份和公社首領性質上有著區別。周代庶人階層中的農村公社正是這樣。在土地所有制上，雖然在里和邑內部，是由公社成員集體佔有，任何家庭都無權私自支配所使用的土地；然而在里和邑的外部關係上，它們已淪為貴族和國家的所有物，公社向貴族和國家交納的助、貢形式的剩餘勞動，貴族和國家對於里和邑的任意支配（賞賜、轉讓），都證明了這一點。作為公社社員的六鄉庶人和野中庶人，隨著公社共同體的被佔有，自身亦成了依附和隸屬於貴族和國家的財產。就勞動條件而論，庶人有時與奴隸沒有區別。……由貴族和國家派任的『里正』、『三老』等官吏取代了原始農村公社中民主產生的首領。」〔註188〕

總之，謝維揚所認為的「農村公社」即馬克思所說的「農業公社」，他其實是從「農業公社」的特點來研究和認識西周庶人階層的。馬克思、恩格斯所說的「農村公社」當然是地域性的，但卻並不排斥其中有血緣關係的存在。人類社會從血緣關係向地域關係的轉化不會一蹴而就，而應當是一個長期的

〔註188〕謝維揚《周代家庭形態》，第301～303頁。

過程。西周社會「農村公社」的地域關係雖然已經有了相當大的發展，但是族之類的血緣聯繫仍然舉足輕重這一點也是難以否認的。

二、封建社會及其他論者

在認爲西周是封建社會的學者中，對於當時社會中血緣關係作用的認識也不盡相同。唐嘉弘、李朝遠認爲到了西周時期，血緣關係已經讓位給了地域的、政治的關係，或者僅僅存有其殘餘的形態，而朱鳳瀚等先生則認爲西周時期地域的、政治的關係雖然有了一定的發展，但血緣氏族的影響卻仍然不可看輕。對於當時公社的形態及其性質的認識，大家也是意見分歧，這主要表現在西周公社究竟爲家庭公社還是農村公社（農業公社）以及是否是原始社會「殘餘」等的問題上。此外，基於對公社的存在形態、血緣關係等的認識，一些學者如何茲全、沈長雲等還提出了新的關於當時社會形態的看法。

（一）趙光賢－唐嘉弘－李朝遠－朱鳳瀚－張廣志－晁福林：
封建社會

1、趙光賢

趙光賢主張西周是封建社會。他認爲西周存在著農村公社的制度，但這種共同體組織至少從周初起就走向了衰弱，到戰國時就歸於消失了。〔註189〕

對於周代實行的「受田制度」，他說：

受田制度起源於家庭公社時期的定期分田給社員的辦法，通過農村公社時期，這種辦法被保留下來，並且發展爲各家庭不再定期分田，而將所分得的田長期保留並世襲下去，成爲份田。同時公社還保留一部分公田，爲公社之用。進入階級社會之後，公社的土地被國王或軍事首領所奪，據爲己有，又把土地分給農民耕種，農民因而對國王或貴族背上封建負擔，這就是土地封建化的過程，……

〔註190〕

趙光賢認爲井田制就是這種「一夫百畝」的受田制度〔註191〕，他分析《孟子·滕文公》指出井田制具有三個特點〔註192〕：其一是「其中包括公田和私

〔註189〕趙光賢《我國古代農村公社概說》，《學術月刊》，1983 年第 11 期，第 72 頁。
〔註190〕趙光賢《周代社會辨析》，第 42 頁。
〔註191〕同上，第 46 頁。
〔註192〕同上，第 47～48 頁。

田，形成對立的統一，沒有一方即沒有另一方」；其二是「農民把在公田上的收穫交給公家（不管是王室、諸侯或卿大夫），這是一種代役租的形式，也叫做勞動地租。這是一種剝削勞動者剩餘勞動的形式」；其三則是「這種田是貴族的祿田，貴族們靠著剝削農民的剩餘勞動以維持其生活」。他強調井田制具有剝削性質，而反對把井田制解釋成氏族公社的分田制。〔註193〕

他認為「西周到春秋正是古代土地制度從公有制到私有制的過渡時期，詳言之，就是從周王以主權者的身份把全國的農村公社所有土地宣佈為王有，他就有權力把公社土地分封給諸侯成為封國，又賞賜給大臣或卿大夫成為采邑，這些大小貴族從周王或大貴族手裏接受土地，起初是佔有，後來世襲下去，就變成了私有，到了戰國時期隨著生產力的上昇、商品經濟的發達，貨幣的大量使用等等條件，公社和井田制一齊消亡，才完成了封建社會的土地私有制。這樣一個從王有到貴族私有、再到庶民私有的發展過程，從古文獻和金文裏得到證明。與土地所有制這樣的變化相適應，產生了井田制裏的助法，助法明白無誤地證明了勞動地租的存在。」〔註194〕

除了從農村公社演變而來的井田制之外，趙光賢指出自周初以來還有不少未被封賞的農村公社的田和井田並存。他認為「自西周至戰國之初，農村公社田應當說是大量存在的」，「井田制不是全國通行的唯一的田制」。〔註195〕井田制與農村公社的田制是有區別的，「井田制雖起源於農村公社的分田制，但自進入階級社會以後，它即逐漸演變為階級剝削的工具。這是它的本質，因此決不能和氏族公社裏的分田制混為一談。」〔註196〕

2、唐嘉弘

唐嘉弘認為家長制家庭公社「大體上是指的隨著母系氏族制度轉為父系氏族制度而產生的一種社會形態。……在母系氏族社會解體時期，母權制家庭亦隨之崩潰，讓位於父系氏族社會及其細胞——父權家庭公社（家長制公社）；家長制公社不僅構成父系氏族或父系氏族公社，同時，它也是由母權制家庭向個體家庭過渡的家庭（或家族）的形式，一個起『重要的過渡作用』

〔註193〕趙光賢《周代社會辨析》，第49頁。
〔註194〕趙光賢《西周井田制爭議述評》，收入《古史考辨》，北京師範大學出版社，1987年，第98～99頁。
〔註195〕同註193，第53、56頁。
〔註196〕同上，第56～58頁。

的家庭形式。」〔註197〕

　　根據恩格斯在《起源》中關於家長制公社基本特點的論述，他認為「家長制公社和氏族社會的公有制的基本情況，完全是相符合的；也就是說，家長制公社是原始社會歷史階段的產物。因此，它不可能作為奴隸制生產關係的基礎。說什麼西周、春秋時代，是以家長制公社為基礎的早期奴隸制關係，作為當時的基本生產關係，顯然在理論上是沒有根據，不能成立的。」而且，「應當說明，一些氏族，在家長制公社內部有各種程度不同的奴隸使用，個別的氏族或部落，奴隸在經濟上起著相當巨大的作用。但是馬克思稱這一時期的這種現象為家長奴隸制，以便和後一歷史階段所出現的那種奴隸制相區別。因為這一時期的奴隸使用究竟還沒有形成一種經濟體系，它還沒有轉變成為特殊的生產方式。很清楚的，按照馬克思的意見，雖然在家長制公社裏面，有的已經有了人剝削人的關係，統治和服從的關係，有了奴隸使用，但還沒有形成一種奴隸制的經濟體系。……馬克思還把這種社會結構叫作家庭公社。顧名思義，這裡應包含公有制及血緣關係作為其基本點。因而，家長奴隸制是原始社會末期的現象，是屬於原始社會的歷史範疇以內的。和家長奴隸制同時，占統治地位的是氏族社會家長制公社的公有制。由此可見，家長奴隸制和奴隸制是兩個不同的概念，分別處於不同的歷史時代，前者尚在國家的大門外邊；後者已進入國家的門坎裏面來了，正是恩格斯所說的文明時期三大奴役形式的第一個形式，無論是它的早期的或發達的階段，因為它們同屬於奴隸制生產形態。」〔註198〕

　　他認為西周的公社不是家長制家庭公社，而是農村公社，「西周的農民並不是集體耕作的」，其土地也非共有，「周代統治者榨取剩餘生產物，正是通過個體家庭戶口來進行的。當時國家或貴族通過農村公社的管理人員，直接掌握了個體家庭的戶口，並載於薄籍之上，其目的正是為了便於按照個體家庭進行剝削。當時採取『徹』法進行剝削，就是歷史的有力證明。如果說當時的『土地還是公有制的』，不僅不能解釋『授土授民』和《詩經》瞻仰裏的『人有土田，女反有之；人有民人，女復奪之』的歷史現象；而且在人類歷史上還從來沒有一個建築在生產資料（主要是土地）公有制基礎上的奴隸制

〔註197〕唐嘉弘《周代的家長制公社和農村公社——兼論中國封建地主制的形成》，收入唐嘉弘著《先秦史新探》，第239～240頁。
〔註198〕同上，第240、242～243頁。

社會。」〔註199〕

　　唐嘉弘強調不能根據宗法制的有關敘述就「斷言周族在西周時，甚至到了春秋，還處於家長奴隸制階段，從而仍然是以原始社會末期的家長制公社爲基礎。」〔註200〕他認爲「勿論大宗或小宗，實質上，就是一個宗族，一個分化出來的政治經濟單位。在一定程度上，是一個統一的整體，就其與原始的母胚及其相互之間的關係而言，具有一定的血緣關係。但在運動發展的過程中，由於生產力的提高和私有制的不斷壯大，血緣關係的紐帶逐漸削弱，以致僅僅成爲一個外殼或以殘餘形態保留下來。周代的宗法制，正是反映了這一階段的情況。」〔註201〕

　　他說「庶人就是周族貴族的族人，就是周族統治者同族的自由民」，他們「雖是勞動者，但其社會地位，顯然不是奴隸，而是在士以下和工商以上的自由民、半自由民」。〔註202〕

　　他認爲周代的「徹」法不同於殷商的助法，徹法則「在『公田』上確立了所有權，把『公田』徹底的從村公社那裡徹取了」，這「與夏、商二代，有了顯著的本質的區別。從生產方式和所有制來看，西周進入了封建制。領主按等級佔有和支配土地及其人民。『普天之下，莫非王土』。封建領主制建立。實質上，徹法就是勞役地租。農村公社則分別的隸屬於各級領主之下。公社成員有自己的室家，自己的工具，自己耕種使用的份地，各級統治者對於他們還要『若保赤子』（見《尚書・康誥》）、『媚于庶人』（見《詩經・卷阿》）的對待他們。公社成員對領主提供勞役地租。這一切現象，與奴隸制是沒有多少共通之處的。可以說，這正是封建化開始的過程。」〔註203〕而到了「西周晚期，籍田制下的矛盾日益暴露，不能適應生產力的發展，……籍田無法維持了。『宣王即位，不籍千畝』。在周宣王，或者在他之前，籍田被廢止了。籍田廢止而向人民徵收生產物地租，使統治者對農村公社的統治又前進了一步。統治者繼徹取公田的勞役地租之後，又在公社成員的份地上確立了經濟所有權，統治者的私有財產增加一份，公社的公有財產就減少一

〔註199〕唐嘉弘《周代的家長制公社和農村公社——兼論中國封建地主制的形成》，收入唐嘉弘著《先秦史新探》，第249～250頁。
〔註200〕同上，第251頁。
〔註201〕同上，第253頁。
〔註202〕同上，第255～256頁。
〔註203〕同上，第258、260頁。

份。公社成員的直接隸屬對象，也逐漸由公社轉變爲周王室。《國語・周語》載，『宣王既喪南國之師，乃料民於太原。』從前，公社成員只在公社登記，由各農村公社掌握，統治者只能間接掌握人民，要徵兵徵役，也只能通過氏族長或部落長進行組織。如果氏族長或部落長不同意，統治者是不能有所作爲的。宣王在南國之師喪失之後，急於要補充兵源，因而強使人民向王室登記，直接掌握對人民的徵發權。由此，周王室對人民的統治又向前邁進了一步。」〔註 204〕

可見，與束世澂一樣，唐嘉弘正確地指出階級社會（至少是奴隸社會）是不能建立在公有制基礎之上的。他因此而把家庭公社完全劃歸到原始社會，並把農村公社與階級社會（奴隸制與封建制）的產生相聯繫起來〔註 205〕，認爲其「二重性」即是在不斷運動中的「私有制和原始公社制度殘餘的並存」〔註 206〕。但是，他在考察這種「二重性」的時候，似乎只看到了「私」的興起與發展，而過分忽略了「公」的問題及實質。

3、李朝遠

李朝遠指出：「殷周之替，之所以能夠成爲一次社會大變革，就生產關係而論，在於土地所有制形成發生了質的飛躍：以商王爲代表的商王室奴隸主貴族土地私有制開始被領主制封建等級所有制取代。」〔註 207〕但他同時也指出：「中國歷史從西周開始進入領主封建制時期，戰國時向地主封建制轉化。至秦統一時，地主封建制正式確立。這樣一個過程，既是封建制發生發展的過程，也是東方亞細亞式的奴隸制生產方式從統治地位跌落並逐步走向消亡的過程。中國的領主封建制是拖著東方亞細亞式的奴隸制生產方式的沉重尾巴步入歷史舞臺的。經過春秋戰國時期巨大的社會變革，東方亞細亞式的奴隸制生產方式的諸多特徵有的已趨於消亡，如農村公社；有的以變形的形態組合進地主封建制中，如凌駕於所有小的共同體之上的總和統一體；有的則一直伴隨著中國社會，如一些文化心理特徵。就土地所有制關係而言，東方亞細亞式的奴隸制生產方式及其餘存造成了西周社會的許多特點。如果說，

〔註 204〕唐嘉弘主編《先秦簡史》，第 147 頁。
〔註 205〕唐嘉弘《周代的家長制公社和農村公社──兼論中國封建地主制的形成》，收入唐嘉弘著《先秦史新探》，第 246 頁。
〔註 206〕同上。
〔註 207〕李朝遠《西周土地關係論》，第 54 頁。

西方進入階級社會時，是通過人與物的關係實現了人與人的對立，那麼，中國則是通過人與人的對立決定了人與物的關係。」〔註 208〕

李朝遠詳細研究了作爲等級土地所有制內在構成的農村公社。

他認爲：「農村公社，是馬克思藉以研究前資本主義所有制結構和社會結構的一個重要理論範疇，也是他論證世界發展的統一性中，東西方歷史演進多樣性的一個重要史實根據，亦是他『亞細亞生產方式』理論的重要內容。」〔註 209〕而「馬克思對農村公社的研究成果，集中體現在 1881 年 3 月初，他給維・伊・查蘇利奇的覆信及覆信草稿中。這是馬克思逝世前兩年的信稿，應視爲他最終的研究成果。」雖然「馬克思關於農村公社的理論，主要是針對19 世紀末的俄國仍然存在著的公社和公社的前途而言的，……但是這一理論對於研究前資本主義社會的生產關係和社會結構仍有著重大的指導意義。這種意義在於提示我們，從原始社會向階級社會的過渡和過渡完成後的奴隸制社會和領主制封建社會中，農村中的生產和生活組織仍然可能是原始公社的再次生形態——農村公社。結合古代中國的史實，可以看出在農村公社中，血統親屬的聯繫還在一定程度上存在，但階級關係重要性已在社會發展的進程中超過了血緣的聯繫；耕地仍不屬公社社員所有，但房屋和宅基地已成爲社員的私有財產。農村公社的這種二重性使之具有極強的生命力，其生命力的根源在於私有制使農村公社社員個人而不是集體獲得了較大發展。至於農村公社二重性的具體形式，公社的發展道路和公社的最終前途，則沒有固定的模式，一切都取決於它所處的歷史環境。」〔註 210〕

李朝遠認爲西周社會的基層組織是公社，「西周的公社主要稱『里』或稱『邑』，也有稱爲『單』、『家』的。公社之名有無定稱，在何種情況下稱『里』，或稱『邑』？目前還不清楚，隱約可以感覺到，城中之社稱『里』者較多，鄉村之社稱『邑』者較多，但史料中也都有反證出現。這可能說明『邑』、『里』的區別正在發生，但仍未出現徹底的規範性的劃分。」〔註 211〕

他指出：「關於西周公社的性質，目前有不少學者持『家長制家庭公社』說。我以爲，西周的公社不僅保留著家長制家庭公社的色彩，而且這種色彩還相當濃厚，但不能因此而模糊了西周公社所具有的農村公社的本質特徵。」

〔註 208〕李朝遠《西周土地關係論》，第 20～21 頁。
〔註 209〕同上，第 178 頁。
〔註 210〕同上，第 178～180 頁。
〔註 211〕同上，第 181～182 頁。

〔註 212〕他認爲，雖然「西周的農村公社顯然尚未最後突破血緣關係的藩籬，但不容忽視的是，公社的血緣關係已與地緣因素結合了起來，並且出現了地緣關係不斷加強的趨勢」。〔註 213〕他從西周的青銅器文及墓葬資料分析了這一趨勢〔註 214〕，並且指出：「不能想像，一個地緣性的國家要由眾多的血緣集團來充任自己的基層組織。國家的出現，表明血緣社會或次血緣社會已爲政治社會所取代。」〔註 215〕不僅如此，西周公社中已經出現了階級或階層的對立，「人與人之間關係的穩定親密與否，從僅僅取決於血緣系譜上的親疏發展到主要取決於土地的佔有關係。這不啻是人類發展史上的一個重大變化。由財產佔有關係的不同而發生的階級、階層分化一旦出現，公社在社會經濟形態的意義上，就很難再被確認爲血緣公社，而只能認爲它已轉變爲地緣公社了」。〔註 216〕

　　李朝遠考察了西周公社成員長期佔有居址下的私有化傾向，特別指出：「西周農村公社二重性的表現形式，不是房屋和宅基地的社員私有與耕地的公社所有之間的矛盾，而是表現在領主土地私有權（由國家和天子任命的公社官吏在某種意義上和某種程度上已成爲這種所有權的行使者）與房屋、宅基地事實上私有的共存，兩者在整個西周時期尚未產生過大的矛盾。西周農村公社二重性的這一特徵中，蘊含著至今尚難以全面把握的社會、經濟和政治意義。我們今天所能查看到的是，由於二重性的共存，使農村公社共有經濟的職能正在逐漸消失，一部分上移給天子、諸侯等領主階級，另一部分下降給個體家庭；宅基地和房屋事實上的私有，使社員個人獲得了發展。正是憑藉著房屋和宅基區事實上的私有，使長期耕種的土地逐漸變成事實上的所有，公社社員逐轉化爲個體私有小農，進而抽掉了農村公社的最後一塊基石，這是中國的小農經濟較西方更早發生的重要原因之一。雖然這種變革的完成要到春秋戰國時代，但這種變革的端倪已顯現在西周公社的二重性中。」〔註 217〕

　　李朝遠是研究西周公社的學者中首次嘗試對當時農村公社的構成與分佈

〔註 212〕李朝遠《西周土地關係論》，第 182 頁。
〔註 213〕同上，第 182 頁。
〔註 214〕同上，第 182～183、185～186 頁。
〔註 215〕同上，第 186～187 頁。
〔註 216〕同上，第 188～190 頁。
〔註 217〕同上，第 196 頁。

進行定量分析的學者。對於西周農村公社的構成及其作用，他認爲：

> 西周的農村公社是一個在空間上由普通社員的簡陋居房、公社首領的夯土大屋、公共墓地、手工作坊、祭祀場所和耕地所構成的地域性聚落，它以雖已衰弱卻仍在持續的經濟功能和社會公益活動，仍然成爲西周社會制度和社會組織的一個重要組成部分。……西周時代的農村公社，已經從一個血緣集團演進成一個地緣性的國家基層組織；在農業經濟領域中，農村公社已漸失了生產單位和生產組織、分配組織的意義；公社中的農業生產開始由獨居小屋的個體家庭合家完成；農村公社已開始不再負擔家庭的責任，在家庭的勞動分工，人口的再生產、婚姻關係諸方面，農村公社的指導作用逐步喪失；農村公社的生產組織的職能尚未完全喪失，在手工業經濟中仍然起著積極的作用；農村公社中的血緣關係在經濟生活中已相當薄弱，但客觀存在的親屬關係在農村公社的延續中，成爲增進感情的動力，以致形成了公社內部的族葬制和公社祭祀制，來穩固已經動搖了的農村公社的基礎；農村公社的社會公益功能仍然存在，主要表現在協助社員的農業生產、組織兵役的出征、以及大型軍需品的裝備。如此種種，就使已經轉化成政權的基層組織的農村公社在走向衰弱的過程中，保有了一種極爲簡單，然而是富有彈性的韌度。〔註218〕

關於西周農村公社的分佈情況，李朝遠指出，「西周農村公社的地理位置，一般做兩種分佈。一是座落在河邊臺地。……另一選擇是在斷崖邊緣。到了西周時，斷崖邊緣的公社已不如河邊臺地的公社數量多，這表明西周公社已發展到一個較高的水平。」而在聚落形態上，「西周的農村公社基本上都屬於集落性的公社」。〔註219〕他認爲西周公社應該爲十家之社，並在此基礎上根據有關考古資料蠡測出當時一個公社的面積（包括宅基園地、耕地、墓地等）約爲今制450畝，「假如450畝地是一個圓周分佈，社員的居址在村社當中的話，那麼，社員的耕作半徑只有309米；如果居住房屋是靠山崖坡地而面向耕地的話，其耕作距離也只有718米，如果以每小時步行4公里來計算的話，步行的時間距離在11分鐘左右。這種較短的耕作距離既適合家庭小農

〔註218〕李朝遠《西周土地關係論》，第208～209頁。
〔註219〕同上，第209～211頁。

的獨立耕作，又適應公社成員在公田上的集體勞動。避免了一般集聚型村落因耕作半徑過大而引起的勞動距離過遠的弊病，使生產資源和勞動資源能夠得到較合理的配置。」他研究了整個西周社會公社的分佈情況後指出：「《商君書・徠民》篇曰：『秦地方千里者五，而穀土不能處二』。……假使亦以 2 ／5 作爲西周時的墾殖指數的話，那麼一平方公里內只有 600 畝耕地，這樣，一平方公里有 1.3～1.4 個公社，這種分佈與仰韶文化時期的公社聚落相比，呈現出更密集的分佈趨勢。……就整個西周社會而言，每平方公里 1.3～1.4 個農村公社的分佈是極不平衡的。公社的耕地主要集中於都城周圍，全國的平均密度當更爲稀疏，東部、中部的土地開發要遠遜於宗周地區。」〔註 220〕

在有關井田制的問題上，他認爲：「以往的研究中，有些結論在共同作出時卻無法共存，即不可能都對，幾個結論之間沒有共同解。一個最典型的例子是，既承認商周社會是階級社會（或認爲商周均爲奴隸制社會，或認爲商代爲奴隸制社會，西周爲領主制封建社會），又認爲井田是一種普遍形式的、且構成社會生產關係基礎的農村公社土地所有制，這兩個結論就無法共存。如果說前者是正確的，那麼，一個社會的性質是由那個社會中占主導地位的所有制關係所決定的，井田是商周社會主導的土地所有制形式，因而其所反映出來的土地所有制的性質就不可能是公社土地所有制；如果後者是正確的，那麼，商周社會不可能是階級社會，充其量處於從原始社會向奴隸社會的過渡時期。」〔註 221〕

他還指出：「……井田和井田制並不就等於農村公社。農村公社是一個比井田更加寬泛的實體。井田是農村公社的土地利用形式之一，是農村公社的重要構成之一，但它不是唯一的形式和唯一的構成。農村公社所具有的社會組織、行政組織和軍事組織的職能，以及公社在空間中所包含的房址、墓地、手工作坊更不是井田和井田制所能涵括得了的。」〔註 222〕

總之，李朝遠關於西周公社問題的研究成果在很多方面都是極具開創性的，但是他把地域性的國家與血緣性集團的存在對立起來，認爲國家的出現不可能再以血緣性的集團爲基礎，並且認爲西周公社中人們之間的關係已經從僅僅取決於血緣系譜上的親疏發展到了主要取決於土地、財產的佔有關

〔註 220〕李朝遠《西周土地關係論》，第 211～221 頁。
〔註 221〕同上，第 221～222 頁。
〔註 222〕同上，第 222 頁。

係，我們認為這並不符合西周社會的歷史實情。

4、朱鳳瀚

朱鳳瀚認為周人克商後所推行之封建制，「猶如向一潭死水中投入巨石，頃刻間即激起層層波濤，使舊有的種種社會結構、社會制度均無遺漏地受到衝擊與滌蕩。」〔註223〕

但他同時指出：「周人武裝擴張，將整個社會掛於自己的戰車之後，令之服從於自己的意志，雖使眾多的被征服者地區的土著民族屈從於自己，使過去長時主居中原的商人共同體分崩離析，但是他們並未能從根本上改變傳統的以宗族為基本單位的社會政治結構，而只是改變了舊有家族生存的環境與形式，造成了在封建政治下以新的方式生存的諸種類型的家族。究其原因，似與以下兩點因素有關：其一，周人雖可以武力建立起一個在政治統治形式上、在民族融合的程度上都異於商的新的社會，但這一社會的建立並非基於新的生產方式，社會經濟發展的水平既未有質的變化，在此種舊的土壤中亦就尚未能生出新的社會組織的萌芽，因而不僅對於被征服的民族不可能找到更適宜的組織形式，而且周人自己亦仍舊必須生活在宗族社會中。其二，周人縱然可以依賴征服者之銳氣將東方諸族舊有社會秩序打亂，但人口的相對稀少與軍事實力的局限，也使其沒有力量完全破壞掉被征服者的異族民眾之舊有的家族組織形式。而依靠一種新的組織形式使他們成為順民，至多是在被征服者的血緣組織上框以地域組織（如『里』）以為行政管理之便，造成血緣與地域組織長期共存之局面。」〔註224〕然而不可小覷的是：「周人的東進與大規模的對被征服者的移民，使周人與商人以及所征服地區的其他土著民族以往各有一地域分佈中心的局面宣告結束」，「在各塊封土內原屬於不同民族的、異姓族的社會成員間實現了不同程度的雜居，從而減少了血緣關係施加影響的地域範圍，結束了殷代時商人家族那種大面積的較單純的血緣聚居（如同一宗族盤踞於一塊地域）狀態，並因此而促進了彼此間經濟、政治、文化與心理狀態在一定程度上的融合，使整個西周王朝勢力範圍內社會組織形態趨向於統一。」〔註225〕

朱鳳瀚依次分析了西周時期的貴族家族與庶民家族。

〔註223〕朱鳳瀚《商周家族形態研究》（增訂版），第238頁。
〔註224〕同上，第285頁。
〔註225〕同上，285、286頁。

關於貴族家族，他認為「當時的貴族家族所包含的親屬範圍，也至少包括同祖的三世以內的親屬，即宗子（與其核心家族）、其同胞兄弟（與其核心家族）、從父⋯⋯亦即世父、叔父（與其核心家族）、從父兄弟（與其核心家族）。這是一種包括兩個旁系的家族。如果『諸父』還包括從祖父、族父，則這種貴族家族即可能包含有三個以至四個旁系」，「這種貴族家族不僅是一種有共同宗教祭祀活動的，依靠血緣關係繫連的有機的整體，而且其各個分支在日常生活中亦是經常發生種種聯繫的」〔註 226〕，其居住形式，則是「包含有一個本家主干與幾個血緣關係較近的旁系分支家族，多數採取幾世代聚居的形式。血緣關係較遠的分族在因任王臣而獲得土田采邑後，即可能與大宗本家分居成為一個相對獨立的家族，但在相當長的時間內仍保持著與大宗本家之間的宗族關係，惟這種宗族已非經濟實體。」〔註 227〕對於貴族成員間的經濟關係，他說，當時「貴族家族的親屬組織並非生產組織，只是具有經濟主管權與剩餘產品的佔有權」，而且「聚居共處的宗族成員是不分財的，家族經濟的主管權歸於大宗，由大宗通過家臣實現對直接生產者的管理，諸小宗分支在生活上雖相對獨立，但並非是獨立的經濟單位」。〔註 228〕他強調「貴族家族並非生產組織」，「過去學者們或有統稱西周基層社會組織為『家長制家庭公社』者，認為西周家族內家長是貴族，一般成員是勞動者，似乎是沒有注意到西周貴族與主要生產者雖有經濟、政治共同體的關係，但沒有親族關係」，西周貴族的階級屬性偏於封建主。〔註 229〕

關於庶民的家族形態，他認為：「西周庶民是當時主要的農業生產者，雖要以集體服勞役的形式為貴族家族耕種公田，但擁有自己的私田與生產工具，經營不由貴族支配的獨立經濟，其階級屬性近於平民。庶民以包括若干個核心家族（或小型伸展家族）的父系家族作為佔有土地與組織生產的經濟單位，並合族共聚。基層的核心家族（或小型伸展家族）雖由於生產力水平的低下尚不可能從此種經濟單位中獨立出來，但已在庶民的社會生活中有著重要地位，有走向獨立的傾向。」〔註 230〕

〔註 226〕朱鳳瀚《商周家族形態研究》（增訂版），第 300、301 頁。
〔註 227〕同上，第 304 頁。
〔註 228〕同上，第 328 頁。
〔註 229〕同上，第 330 頁。
〔註 230〕同上，第 427 頁。

5、張廣志

張廣志指出：「集體耕作、土地公有、家庭公社、農村公社等，絕不是原始社會的專有物，在包括中國在內的世界廣大地區，這些原始社會的東西都曾以這樣、那樣的次生和再次生形態的方式在早期階級社會中長期延續、滯留過」，「如果生搬硬套馬克思、恩格斯的論述，自然會得出『共同耕作』、『土地公有』、『家庭公社』、『農村公社』是原始社會或原始社會向階級社會過渡階段的事物，而『分散的勞動』、『土地私有』、『個體家庭』才是階級社會的景象的結論，並將之模式化，謂為世界通例。可這樣做，既不符合世界歷史的實際，也有違於馬、恩的原意與初衷——因為，馬、恩的上述看法，基本上是從古希臘、古羅馬的歷史實際中總結出來的，他們並無意將之強加給整個世界。」〔註231〕

他認為西周以至春秋都存在「族」的組織，但「西周、春秋的『族』已遠非原始社會之『氏族』可比。在原始社會，『氏族制度的前提，是一個氏族或部落的成員共同生活在純粹由他們居住的同一地區中』；而且，在這裡『沒有統治和奴役存在的餘地』，『在氏族制度內部，權利和義務之間還沒有任何差別』。現在不同了，不要說『統治和奴役』早已存在，過去那種畫地為牢式的一個地區只能純粹由同一血緣的人們獨立居住的情況也不可能原封不動地保留。總之，原汁原味的『氏族』組織早已不復存在，留下來的只不過是其軀殼和變形罷了。這樣的『族』，與其繼續稱之為『氏族』，不如名之為『族』或『部族』更合適些」。而且，「西周時期，人們間『族』的聯繫雖還繼續存在，但它已遠不是當時社會的基本組織形式，不是基本的生產、生活單位了。當時，社會的基本細胞，基本的生產、生活單位，應是家長制家庭公社。」〔註232〕

除了「家長制家庭公社」之外，他認為西周還存在著井田制的農村公社組織。他批評郭沫若在「井田制」、農村公社的解釋上「不惜歪曲、篡改史料」，而金景芳、徐喜辰等雖然「大體按照孟子的模式解釋井田，並謂井田制是公社的土地所有制，這自然是對的，但二氏又都以西周為奴隸社會，把村社制同奴隸社會聯結在一起，又不免使人感到費解」，因為「明明知道商

〔註231〕張廣志著《西周史與西周文明》，上海：上海科學技術文獻出版社，2007年4月，第171頁。
〔註232〕同上，第172～173頁。

周社會中的奴隸的數量並不多，公社成員才是當時社會生產的主要承擔者，卻硬是要把這樣的社會叫做奴隸社會——縱使已挖空心思地把它加上了『普遍奴隸制』社會或『家庭奴隸制』社會的名目，此亦適足以說明我們的某些史學工作者爲了在中國製造奴隸社會，在理論上已混亂、貧乏到了什麼程度。須知，『只有家內奴隸的社會，是不成其爲奴隸社會的』（前引郭沫若語）；至於所謂『普遍奴隸』云云，實不過馬克思的一個比況用語，一如人們有時也稱資本主義制度的工人是『奴隸』一樣，又怎好以此爲據去構築什麼有中國特色的奴隸社會呢？」他也不同意趙光賢認爲農村公社乃原始社會末期的東西，不可能同已經進入階級社會的井田制搭上邊的看法，而認爲：「這是趙氏按西歐模式理解農村公社的結果；事實上，在中國，農村公社並不是僅僅存在於原始社會末期或由原始社會到階級社會的過渡之中，而是長期存在於中國的早期階級社會（三代）之中，並成爲中國早期階級社會賴以建立的堅實基礎。」〔註233〕

他說井田制就是馬克思在給查蘇利奇《覆信草稿》中的農村公社（實爲農業公社），而「借助於農村公社的現成的、便當的形式，必然會產生封建制剝削方式」。〔註234〕關於井田制的發展和衰弱，他認爲由於西周中晚期土地交換、轉讓的發生，周宣王「不籍千畝」和「料民於太原」事件的出現，村社井田制便漸漸呈現頹勢，但從整體上看來，這時的村社井田制仍有相當的生命力，距離全面崩潰瓦解尚有一段時日。〔註235〕

張廣志試圖調和西周的公社究竟是「家庭公社」還是「農村公社」的爭論，他認爲：「在中國的商周時期，家庭公社與農村公社實在是互爲表裏，一而二、二而一的東西。如所謂的『井田制』從其『公田』、『私田』的劃分等特徵看，無疑是『農村公社』的田制；但在古代中國的具體歷史條件下，這個『農村公社』並不是馬克思所說的『沒有血緣關係的自由人的社會聯合』。相反，它不但沒有排斥人們間的血緣關係，反倒是建立在這種血緣關係之上的。有關史料表明，一井中的八家（當然，『八家』只是孟子的理想規劃，不一定時時、處處都是八家才能組成一井），並不是隨便湊成的，而是彼此間有著緊密的血緣聯繫。很可能，一井就是一個由八個或若干個個體家庭組成的

〔註233〕張廣志著《西周史與西周文明》，第 111 頁。
〔註234〕同上，第 113 頁。
〔註235〕同上，第 113～118 頁。

家庭公社。在商和西周，社會的基本細胞，基本的生產單位，便是『井』，亦即當時的『家庭公社』和『農村公社』；一夫百畝的個體家庭雖已作爲生活單位並在一定程度上作爲生產單位而存在，但從總體上說，尚未從『家庭公社』和『農村公社』的共同體中脫離出來，成爲獨立的經濟單位。」〔註236〕

6、晁福林

晁福林認爲西周社會屬於氏族制的更高級的階段——宗法封建制，「宗法封建制與氏族封建制是沒有本質區別的，而只是它的鞏固和完善」〔註237〕，「西周時期社會結構建立在分封制和宗法制的基礎之上。氏族到了周代多稱宗族，這是宗法制普及的結果。」〔註238〕

他指出：

> ……宗族的根本特徵在於它與政治發生了密不可分的關係。可以說宗族是貫穿著政治線索的氏族，是以政治爲靈魂的氏族，在宗族的機體內流動著的是政治與血緣相混合的血液。宗族是在一定歷史階段上，適應了政治需要的氏族。應當說，這些方面爲氏族所未有。氏族首領可以被早期國家任命爲某種職官，氏族也可能被納入國家政治體系，然而氏族內部卻沒有受到政治的重大影響和衝擊。
> 〔註239〕

他認爲商代方國聯盟的社會結構並不需要觸動氏族內部的關係〔註240〕，因此商代是沒有宗法制度的，宗法制度的出現一直要到西周，他說：

> ……簡單說來，宗法就是宗族之法，沒有宗族便沒有宗法，也就談不上有關宗法的各種制度。當然從一個角度可以說，宗法制度的萌芽出現得很早，可以說隨著父系家族的出現而出現。因爲那個時期，不可能完全排斥長子繼承，在眾多妻妾當中，也可能有主次之分、專寵與失寵之別。然而，由於社會經濟基礎的不同特點，宗法制度的萌芽儘管在新石器時代以後經夏商兩代，卻沒有形成維繫貴族間關係的完整體系。作爲一個制度而言，是周公以後才出現的。

〔註236〕張廣志著《西周史與西周文明》，第177～178頁。
〔註237〕晁福林《先秦社會形態研究》，第40頁。
〔註238〕同上，第374頁。
〔註239〕同上，第139頁。
〔註240〕同上，第142頁。

〔註 241〕

　　學者多把周代的「鄉遂制度」與古代農村公社聯繫起來，但晁福林反對把鄉遂制度作爲周代社會的基本特徵，他認爲：「持『鄉遂制度說』的論者儘管承認《周禮》『夾雜著許多拼湊和理想的部分』，可是在論證時卻是毫無保留地以《周禮》的材料作爲確證，這也就難免出現差錯了。」〔註 242〕他例舉《周禮》中與「鄉遂制度說」矛盾的有關記載，認爲《周禮》中根本沒有「鄉」和「遂」的嚴格區分，「《周禮》關於鄉遂系統的劃分是不可信的。《周禮》關於鄉、遂系統的排列，可能是《周禮》的作者爲未來統一的泱泱大國所設計的方案之一，但從其齟齬而雜亂的情況看，這個設計又十分粗糙。然而『鄉遂制度說』卻將屬於想像中的東西，當成了已經實行過的社會制度。這一點似乎是論者對《周禮》中的鄉遂制度進行分析的根本缺陷」〔註 243〕他還認爲，「鄉遂制度說」者把居於六遂的居民稱作「甿」、「氓」或野民、野人，把居於六鄉的居民稱爲「國人」，國人的地位、政治權利及賦役負擔不同於野人，這些論點其實都是缺乏根據的，在《周禮》中找不到相關的證據。〔註 244〕

　　晁福林認爲井田制是西周時期的土地制度，「周代的井田制可以說是一種『前不見古人，後不見來者』的獨特的土地制度。它與氏族土地公有制有著淵源聯繫，但又不等於這種土地公有制；它與戰國以降的國家授田制有著源流關係，但又與授田制有較大的區別」。〔註 245〕他認爲「孟子所說的『井地』就是後世所謂的『井田』。這種井田制直到商鞅變法的時候才有所改變」，「……井田制度在『公田』與『私田』的區分上與夏商時代的氏族田制並沒有太多的不同」，但「井田制的最主要的特徵不在於『公田』與『私田』的劃分，而在於對於土地所進行的『方里而井』的區別，而這個區劃的實際作用在於加強了農民對於土地的佔有權利。……在從氏族田制向土地私有制發展的過程中，井田的這種區劃是不可或缺的一個階段」。〔註 246〕對於井田制中「方里而井」的區劃在土地制度演進上的作用，晁福林說：「夏商時代的土地可能是有疆界的，氏族所擁有的田地也有公田與私田的區分，但卻沒有

〔註 241〕晁福林《先秦社會形態研究》，第 139 頁。
〔註 242〕同上，第 407 頁。
〔註 243〕同上，第 411 頁。
〔註 244〕同上，第 411～426 頁。
〔註 245〕晁福林《夏商西周的社會變遷》，第 270 頁。
〔註 246〕同上，第 271～272 頁。

整齊的疆界，這應當是夏商去古未遠，土地私有觀念還相當淡薄的緣故。在周代分封制度下，情況有所變化，分封『土田陪敦』的本身，就意味經過賞賜後的土地佔有權的確立。這裡需要指出的是，分封後所形成的土地佔有權在很大程度上屬於宗族的土地佔有權，還不能算是嚴格意義上的貴族土地佔有權。周代各級貴族的土地私有，是在西周中、後期才逐漸出現的。……各級貴族在分封之後歸自己宗族所擁有的土地，都要作出『方里而井』的疆界區劃，其中的公田歸貴族掌管，公田上的收穫也在實際上歸貴族所有。但是貴族還沒有把這些土地完全視為自己的私產，直到春秋時期貴族還有將自己的土地交還的記載。但是，儘管如此，井田制比氏族土地所有制在土地私有方面畢竟還是前進了一大步。分封『土田陪敦』實際上是通過分封明確承認了一定數量、一定範圍內的土地歸以貴族為首的宗族所佔有。接著而來的關於井田的區域，又進一步表明一定數量、一定範圍的土地（如百畝、二百畝或三百畝）歸農夫個人所佔有。儘管農夫和貴族一樣也還沒有對於該土地的完全的私有權，但是這塊土地的使用和收成則確鑿無疑地屬於農夫個體家庭。關於貴族宗族的土地佔有權和農民個體家庭的土地佔有權，這在夏商時代都是不存在的，或者說是不完全存在的」。〔註247〕也正因為如此，井田制上的生產方式「徹，雖然與助法一致，但又不完全相同。依照助法，雖然民眾是奉命而前往服勞役，但卻謂之『助』，謂之『借』，其中的強制性質還不太明顯，這與當時土地私有觀念還十分淡薄的情況應當是有關係的。徹法則與此不同，既然土地佔有權已經通過分封制和井田制而得以確立，那麼與權力相隨而來的義務也就明確起來。徹，強調治、取之義，其中所蘊含的意義就比『助』多了不少強制的成分。除此之外，徹法中還包括著實物的繳納」。〔註248〕

（二）何茲全－沈長雲－袁林－張金光：其他論者

1、何茲全

何茲全認為：

> 西周春秋時期，是中國歷史上由部落到國家的轉化時期，是早期國家時期。商周兩族的關係，是通過征服而建立起來的不平等部

〔註247〕晁福林《夏商西周的社會變遷》，第 275～276 頁。
〔註248〕同上，第 276 頁。

落聯盟和以此不平等部落聯盟為基礎建立起來的早期國家。被周人征服的商族和其他族，不是奴隸，也不是農奴，他們是殷人居住區（野）九一而助的井田制下身份低一級的勞動者。用現在的話說，周族人是一等「公民」，他們是二等「公民」。雖是二等，仍是公民。〔註249〕

他不同意把被征服的商人稱作「種族奴隸」，「因為如果他們是作了奴隸，那麼文獻中所載周公對殷多士所說的話，他們可以到周王庭作百僚，他們族內不和由他們自己處理，他們還有他們的土地、居邑，便不好解釋。如果說這仍可叫做奴隸，奴隸的意義似乎就要另論了。」〔註250〕

在周代土地所有制的問題上，他認為周代已經存在土地私有制，他說：

周代土地所有制不是國有制。王有不是國有。周代的周王、諸侯、貴族土地所有制是一種私有制，實質上就是貴族土地所有制。周王是最高的貴族，王有仍是貴族有。這種土地所有制是通過對氏族土地公有制的篡奪而出現的，它是公有制的對立物，是周代土地所有制的第一階段。周王固然有土地，貴族也都有土地，每個貴族都把土地看作是他自己的。〔註251〕

何茲全指謫學術界「對殷周之際是由氏族部落向階級社會長期過渡時期中重要的一環認識不夠」，「由氏族部落到階級社會的過渡，是一個長期過程，而且很複雜。這種情況，幾乎是世界上大小民族歷史上的通例。……這個社會、這個時代，是由氏族部落、氏族聯盟向階級社會或國家的過渡時期，但是長期以來學術界對這一問題重視不夠。不重視它的長期性、複雜性，好像氏族社會一下便邁到奴隸社會，這就影響我們對中國社會形態發展變化的認識。」〔註252〕

2、沈長雲

沈長雲（1944～）指出：

……農村公社並不是原始社會的細胞組織，恰恰相反，它是人類進入文明社會才出現的社會組織。馬克思說道：「『農業公社』是

〔註249〕何茲全《中國古代社會‧序言》。
〔註250〕何茲全《中國古代社會》，第28頁。
〔註251〕同上，第73頁。
〔註252〕《社會形態與歷史規律再認識筆談‧中國古代社會形態演變過程中三個關鍵性時代》，第5頁。

最早的沒有血統關係的自由人的社會聯合」（《全集》第 19 卷 449 頁）。恩格斯在論述法蘭克人的歷史時則說，由於長期的遠征和遷徙，使得法蘭克人的氏族和部落中的血統聯盟遭到破壞，因而當他們定居下來以後，法蘭克人的「農村公社便成為構成民族的實際政治單位了」（《全集》第 19 卷 540 頁）。這裡，「沒有血統關係的自由人的社會聯合」以及「民族」都是文明社會才出現的概念。尤其在古代東方，農村公社的存在一直延續到很晚的時候，這只要看看馬克思的《科瓦列夫斯基的〈公社土地佔有制，其解體的原因、進程及結果〉一書摘要》及其它人類學筆記就明瞭了。至於農村公社與階級社會的「行政單位」兩者的關係，也並不是非對立不可的。……〔註253〕

　　他認為一些同志把「農村公社」的存在推到西周社會中去，這種說法是不足取的，他分析西周時的社會組織說道：

　　　　……西周時期地域組織尚是建立在血緣組織基礎之上的，作為沒有血緣關係的自由人組成的農村公社顯然還沒到出現的時候。如果一定要用「公社」來說明當時的社會結構的話，也只能說當時社會存在著由各大家族構成的「家族公社」，它們只屬於馬克思指出的那種「較古的公社」的性質，與農村公社不可同日而語。〔註254〕

　　他分析《詩經・七月》等的材料，認為西周的社會形態既不是奴隸制，也不是歐洲中世紀的封建形態，而是「一種較為原始的部民社會形態」：

　　　　……在這種社會形態下，領主和庶人的關係，猶如彝族社會中茲莫與其下屬黑、白彝的關係一樣，他們都由同一氏族分化而來，但因其在宗法關係中的不同社會地位而區別出對於財產佔有和階級地位的差別。……〔註255〕

　　由上可見，沈長雲認識到西周社會中人們財產與階級地位的差別是由血緣宗法的關係所造成的，由此他認為西周社會既不是奴隸制的社會，也不是

〔註253〕沈長雲《亞細亞生產方式在中國的產生及相關歷史問題》，《天津社會科學》，1991 年第 2 期，第 70 頁。

〔註254〕沈長雲《亞細亞生產方式在中國的產生及相關歷史問題》，第 71 頁。

〔註255〕沈長雲《由〈詩經・七月〉論及西周庶人的社會身份》，收入沈長雲著《上古史探研》，北京：中華書局，2002 年 12 月，第 237 頁，原載《人文雜誌》，1989 年第 6 期。

封建制的社會，而稱其為「部民社會」，我們認為這種看法基本上是正確的。但是他把「農村公社」理解為「農業公社」，而認為西周社會不存在「農村公社」，這就大大縮小了「農村公社」這個概念的內涵和外延，其實在馬克思、恩格斯那裡，地域性的「農村公社」並不完全排斥血緣關係，它完全可以建立在血緣組織的基礎之上。

3、袁　林

袁林（1949～）認為馬克思恩格斯在談到前資本主義社會時，曾提到了許多公社的名稱，如「原始公社」、「最古的自發的公社」、「古代自然形成的公社」、「氏族公社」、「家庭公社」、「亞細亞的公社」、「古代的公社」、「古代的城市公社」、「日耳曼的公社」、「印度公社」、「亞洲公社」、「農村公社」、「農業公社」、「馬爾克公社」、「斯拉夫公社」、「小規模的經濟公社」、「以奴隸生產為基礎的公社」、「小農組成的帶有一定自發性質的公社」等，這些公社的基本特徵在於：「內部自成系統，自我調節，作為整體與外部社會發生經濟以及社會的關係」，他認為不能將公社視為階級社會中的殘餘，「階級社會中存在的公社自有它存在的理由和依據，它作為該社會的有機的組成部分，是該社會質的規定性之一」。〔註256〕

他以近代西雙版納傣族的土地制度作為比照範例，認為西周時期相對於周王、諸侯、大夫、士等各級貴族剝削者，被剝削者主要是以「族」、「宗」、「人」、「夷」、「姓」、「邑」等集團整體形式出現的，「這種被剝削者集團應當被歸入前資本主義公社的範疇之內」，「它們雖然在本質上都屬於前資本主義公社，但其內部關係可能有多種類型。有些集團內部大概仍然保持較為原始的形態，不存在剝削與被剝削的關係，有些集團內部則已經存在著剝削與被剝削的關係」。〔註257〕他指出：「具有不同稱呼的被剝削者集團之間，肯定存在有一些差別，……『族』、『宗』、『人』、『夷』、『姓』從名稱似乎就可以推斷，其整體是以血族關係為紐帶而聯繫起來的，血族關係使其中有了相當穩定的內部結構，使之可以在一個較長時期內存在。『邑』有可能仍以血族關係為基本紐帶，但也有可能其中一部分已發生變化，『邑』中成員不再具有血族關係，就像馬克思在《給維·伊·查蘇利奇的覆信草稿》中所提到的農村公社，它們『是最早的沒有血統關係的自由人的社會聯合』。」〔註258〕

〔註256〕袁林《兩周土地制度新論》，第63～75頁。
〔註257〕同上，第137頁。
〔註258〕同上，第138頁。

基於以上認識，袁林認爲西周土地制度可以分爲兩部分：「貴族直接佔有、控制的土地即『田』是少數，……大部分土地則爲被剝削者集團直接佔有，由於耕作方式仍然以不同周期的撂荒制爲基本形態，被剝削者集團所佔有的耕地與荒地融爲一體，因此可以說，『田』以外的所有土地都是被剝削者集團可以開發利用的對象，用以實現其必要勞動。」〔註259〕

4、張金光

張金光（1939～）認爲：

> 關於人類社會歷史的發展，馬克思主義的創始人並未提出如「五種生產方式」說那樣明確的階段論理論模式。然馬克思也確曾提出過包括中國在内的東方社會歷史的特殊性問題。……〔註260〕

> 長期以來對中國古代社會的研究，最後的目的，基本上是爲了作出是奴隸社會還是封建社會的結論來。比如有的學者也曾對村社進行了研究，然而落腳點卻是把它說成是集體奴隸制，是東方型奴隸制。這實則歪曲了事物的本質。這裡問題並不在於對村社成員的處境作何種說法，而在於生拉硬扯地靠合傳統的五種生產方式形態說。〔註261〕

> 從基本的歷史事實來看，對於先秦文明社會來說，五種生產方式說中的奴隸制、封建制兩種形態都是不能概括這一段歷史的，其與事實相差甚遠。研究這段歷史必須另尋出路。我以爲農村社會共同體制及其歷史演變和轉型，便能比較恰當地說明這一段歷史。我更提出官社經濟體制模式說，作爲對在村社轉型後，中國古代史上一定歷史階段的社會歷史形態的概括和表述。〔註262〕

他進一步指出：

> ……中國自進入文明社會以後，就從來也沒有游離於一定政權之外的獨立自主的農村公社存在。獨立的、單純的、與國家政權對等的民間社群組織，從來就是不存在的。即便是早期的村社，也總是在一定政權之下存在的，他們受著一定政權的控制與支配，是在

〔註259〕袁林《兩周土地制度新論》，第145頁。
〔註260〕張金光《秦制研究》，上海：上海古籍出版社，2004年，第271頁。
〔註261〕同上，第280頁。
〔註262〕同上，第281頁。

政權的羈絆中生存的。從這種意義上説，中國古代的村社，本質上
就是官社，即受一定政權支配的社群共同體。〔註263〕

張金光研究西周社會的主要文獻資料《詩經》後認爲，《周頌‧噫嘻》、
《臣工》、《豐年》、《載芟》、《良耜》以及《小雅‧甫田》、《大田》等所反映
的，乃是一種可稱之爲農村社會共同體的存在。在這種社會裏：

> ……周天子是當時國家的代表，他的社會統治基礎就是村社共
> 同體，他與村社發生的關係，是國家與社會亦與民的關係，而不是
> 私人關係。……當時普遍存在著的社會組織形式是農村公社，公社
> 的土地在形式上分爲兩部分，一種是個體使用的份地，一種是公社
> 的公田。這是一種帶有普遍意義的形式。周天子以及各級統治主，
> 他們作爲在村社之上的統治主，作爲國家政權的代表，自然也有公
> 田，其「公田」乃是農村社會共同體公田的昇華物。……把這種國
> 家政權與民間社會間發生的關係，等同於私家奴隸主或封建農奴主
> 莊園生產關係，並向傳統的奴隸制或封建制社會模式掛靠，都是不
> 對的。……〔註264〕

對於這種農業社會中早期農村公社的具體組織情況，他認爲《豳風‧七
月》便是比較形象的反映。〔註265〕

三、小結——評關於西周公社性質問題的論爭

在二十世紀關於商周公社組織的研究中，西周的公社研究做得最深入。
這一方面得益於有關史料的大量積累，另一方面則要歸功於八十年代以來關
於西周公社組織到底是家長制家庭公社還是農村公社的學術爭論。

西周的公社究竟是家庭公社還是農村公社，這並不是一個新問題，但是
真正能使這一問題獨立出來並使之成爲史學界研究課題之一的，則是在趙世
超先生撰寫《西周的公社是農村公社，還是家長制家庭公社？》一文之後。
趙世超先生在文中明確提出要區別「家長制家庭公社」與「農村公社」的概
念，他認爲西周的公社無疑是「家長制家庭公社」而不是「農村公社」，西周
社會裏血緣關係的遺存依然很嚴重。在此基礎上，他進而又認爲西周的農業

〔註263〕張金光《秦制研究》，第281頁。
〔註264〕同上，第282～283頁。
〔註265〕同上，第285～289頁。

生產是集體耕作的，當時還不可能存在定期分配土地的井田制度。他的這些觀點，特別是有關西周公社形態的看法激發了先秦史學界關於西周公社形態及血緣關係存留程度的討論，不少學者都對此一問題發表了意見，在一些問題上甚至都形成了完全相反的觀點。如前所述，對於西周公社是否是「家長制家庭公社」的問題，謝維揚等明確表示了反對，而李朝遠則雖然承認西周公社仍然具有濃厚的家長制家庭公社的色彩，但卻認爲其本質已經是農村公社。

　　趙世超先生在其文中認爲馬克思和恩格斯所述的「家長制家庭公社」與「農村公社」是有根本區別的，他認爲「這種家長制家庭公社第一次把許多人置於前所未聞的奴僕和依從關係之中，……家庭公社的產生標誌著一個特殊的時期，……產生了比較高度的個人獨立性，但同時，它又以個人的未成熟性、人與人之間的血緣關係臍帶尙未斷去、以直接的支配和服從關係爲基本前提；家庭公社的最初出發點是爲了有組織的耕作，所以在公社內部，不僅土地不曾私有，而且生產也是共同進行的，只有產品才拿來分配；家庭公社的存在正是生產力水平低下、單個人力量太小、缺乏獨立謀生手段的直接證明。」〔註266〕而農村公社則即是馬克思在給維·伊·查蘇利奇的《覆信草稿》中所說的「農業公社」，它的特點即馬克思所說的非血緣性、房屋及園地的私有化及耕地的定期重分等。

　　一時間，在整個先秦史學界似乎形成了這樣一種思維定式，那就是：馬克思和恩格斯已經對「家庭公社」和「農村公社（即農業公社）」作了嚴格區分；「家庭公社」是血緣性的，與之聯繫的是共同耕作，而農村公社則是地域的、非血緣性的，實行個體耕作以及土地的定期分配。這種先入爲主的理論定式看似爲研究歷史上的公社問題提供了明確的劃分標準，但卻在實際上使得不少研究者在探討西周乃至先秦社會的公社問題時陷入了一個怪圈，那就是：堅持西周公社是「農村公社」觀點的學者往往就會聯繫認爲西周社會早已脫離了血緣氏族的影響，而與此相對，主張「家庭公社」的學者則又聯繫認爲血緣關係仍然是當時的重要社會關係，繼之而起的則又有西周社會的耕作方式、「國」「野」公社的區別以及「井田制」等的問題。

　　其實，馬克思所說的「農業公社」並不是農村公社，這一點我們在之前

〔註266〕趙世超《西周的公社是農村公社，還是家長制家庭公社？——學習馬克思、
　　　恩格斯關於公社問題若干論述的體會》，第31頁。

已經作出了詳細的證明。不僅如此，即使是在「家長制家庭公社」最後被證明「乃是一個由群婚中產生的母權制家庭和現代世界的個體家庭之間的過渡階段」〔註267〕之後，恩格斯本人對於由家庭公社發展出來的「農村公社」的歷史和結構特點仍是有很多保留性意見的。也就是說，關於人類歷史上公社發展的階段及其特點的問題，馬恩並沒有給出過什麼「最後」的結論。中國學者把馬克思在《覆信草稿》中對「農業公社」的論述與恩格斯《起源》中有關「家庭公社」和「農村公社」的認識剪裁、拼湊在一起，這是對馬恩著作的誤讀！當然，這個誤讀並不是由趙世超先生肇始的，把「農業公社」等同於「農村公社」在五十年代《覆信草稿》中譯本問世之後就早已有之，隨著先秦社會形態研究的深入開展，這個問題終於在八十年代之後集中凸顯了出來。

　　然而也真是「塞翁失馬，焉知非福」！圍繞「家長制家庭公社」與「農村公社」（農業公社）的討論卻在很大程度上促進了人們對於西周乃至整個先秦社會血緣關係作用及其影響的探討，血緣關係作為一種重要的社會關係，已經為越來越多的學者所首肯。多數學者雖然認為西周的公社是農村公社，可是卻強調其中仍然存在有明顯的血緣關係，而且儘管他們都堅持認定西周乃至先秦社會是「階級」的社會，但他們所首肯的血緣關係作用以及為此所找來的證據卻比以往任何時候都有說服力。有人認為西周社會是階級社會還保留有血緣關係的軀殼，但血緣關係是否真的是「軀殼」，還是階級關係才開始萌芽，這些問題也真是到了我們不得不重新思考的地步了。

第五節　春秋戰國時期「公社」研究的回顧

　　中國古代的公社組織崩壞於春秋戰國時期，這仍然是絕大多數學者所公認的結論。然而儘管多數學者都認為春秋戰國時期在公社崩壞的基礎上產生了私有財產及私有制，但是由於各家對於商周社會形態持有不同的觀點，並且在商周公社的性質及其構成的認識上也存在著很大的分歧，因此各家對於春秋戰國時期公社組織崩壞的內涵——譬如在對於個體耕作小農形成時間的判定上，以及血緣關係與地域關係嬗替時間的認識上——及其意義的認識也

〔註267〕恩格斯《家庭、私有制和國家的起源》，收入《馬克思恩格斯選集》第四卷第二版，第55頁。

是不盡相同的。

一、趙世超－斯維至－沈長雲－朱鳳瀚－顧德融、朱順龍－張金光

趙世超、斯維至、沈長雲等都傾向於認爲由於生產力的發展，到了春秋戰國時期原來公社的集體耕作制度瓦解了，於是才出現了個體耕作的勞動方式。

（一）趙世超

趙世超先生認爲春秋時期就已經出現了地緣關係與血緣關係的嬗替現象，由於卿大夫家族間的鬥爭，「與奪位、分室相伴隨，必然會出現血緣關係的鬆弛和人口的流動」〔註268〕，特別是在生產力發展提高的前提下，「在國人下降於野的同時，部分野人也有入居於國的趨向」〔註269〕，「國中的『鄰居關係』在春秋後期確有一定程度的發展，儘管遠不能將血緣關係全部取代，卻也露出了排斥血緣關係的明顯勢頭」〔註270〕，而「野、鄙經濟文化落後於國、都。其血緣關係的保留相對來說比較濃厚，但春秋的種種歷史變故難免要波及於野，……在野、鄙部分較爲先進的地區，春秋後期則開始出現了書社」〔註271〕。但儘管如此，趙世超先生仍然指出「終春秋之世，地緣關係同血緣關係的嬗替並未最終完成，後者在人們社會生活中的支配地位也未從根本上被動搖」。〔註272〕

他認爲家長制家庭公社在戰國時期開始走向了衰弱〔註273〕，對於當時家長制家庭公社衰頹的原因，趙世超先生認爲可以列出以下數端〔註274〕：一是「鐵製農具的使用，使生產單位進一步化小，是家長制家庭公社衰弱的根本前提」；二是「私有財富的積累和私有制的發展，是家長制家庭公社衰弱的重要因素」；三是「交換關係的發展，是家長制家庭公社衰弱的催化劑」；四是

〔註268〕趙世超《春秋時期地緣關係與血緣關係的嬗替》，《未定稿》，1989年第9期，第33頁。
〔註269〕同上，第34頁。
〔註270〕同上，第35頁。
〔註271〕同上，第36頁。
〔註272〕同上，第37頁。
〔註273〕趙世超《戰國時期家長制家庭公社的衰弱和演變》，《史學月刊》，1983年第4期，第18～19頁。
〔註274〕同上，第19～23頁。

「從春秋時期開始的貴族之間的爭奪，對家長制家庭公社的衰弱，在客觀上有一定的推動作用」；五則是「國野界限消失，宗族觀念削弱，對家長制家庭公社的衰弱產生了一定影響」。

趙世超先生從其對先秦勞動組合方式的考察出發，對公社內分配土地的歷史進程及戰國授田制出現的背景抱有獨特的見解。他不同意一些學者依據漢墓《田法》認為戰國時期定期平均分配土地的制度為前代遺留的看法，而認為這是剛剛產生的新事物，「因為在以前個體勞動尚未成為現實的情況下，即使把土地分到了每個生產者的手裏，他也無法從事耕種。如果不是惑於孟子的井田說，個中道理是不難理解的。在雲南西雙版納傣族地區，一些村寨係由幾個家族和少數零星戶組成，平時『地方上的負擔大家一樣出，挖水溝、圍籬笆等寨內的事情大家一樣做』，但因存在著『家族田不分給外族人』的強烈觀念，所以同村寨而不同家族的成員實際佔有的土地就多寡不一。隨著時間的推移，要求調整的呼聲越來越高，到二十世紀三十年代，猛遮的曼納窩寨，景洪的曼菲龍寨等，都打破家族界線在寨內重新平分了土地。可見要使土地平均分配得到貫徹，一則需要個體勞動成為現實，再則還應以村社關係排斥家族關係、并佔據統治地位作為前提。……《田法》的材料只表明戰國時的村社關係已有所發展，生活在同一州、鄉的人，具備了領種一塊等量份地的權利。這比硬把平均分配說成是『古制』，似乎更加切合實際。」〔註275〕

但是，他懷疑這種農村公社所特有的土地分配辦法是否曾得到廣泛的流行，對於戰國諸子書中所習見的「無置錐之地」一語，他說：「戰國土地買賣尚未盛行，把『無置錐之地』者視為土地兼併的犧牲品顯然不夠妥當。……戰爭、災荒、繁重的賦役、商人高利貸者的盤剝，及部分農戶缺乏生產能力等，都會引起棄家流亡，固然應予高度注意，除此之外，更應承認，在共耕向私耕演變的過程中，多數地區可能存在過土地分配上的不平等。雲南布朗山的布朗人，每年於砍種時分配土地，由家族成員按繼承關係和長幼輩份依次挑選，後來隨著人口的增多，便出現了個別血緣關係疏遠的人占不到地或占不到好地的情況。古代中原各國的血緣關係仍十分濃厚，它既不會輕易退出歷史舞臺，就必然要在土地分配中發揮作用。通過與布朗族進行比較，我們感到，戰國的失地農民至少有一部分應是家族中的血緣關係疏遠者或失去

〔註275〕趙世超《論戰國時期私有制的發展》，《洛陽師專學報（社會科學版）》，1990年第1期，第54～55頁。

家族聯繫的孤寡。」〔註276〕他進而認爲,「失地農民的存在,鞏固統治和對外兼併的需要,成爲兩股強大的力量,共同引出了戰國歷史上的授田制。」〔註277〕「授田的標準依土地的質量而有多寡之別,但其基數卻是百畝。」「國家授田制體現了政治對經濟的強烈干預,自然長成的村社關係不足以排斥家族關係,來自上層的行政力量卻使家族在土地分配方面的影響從根本上得到了剝弱。在授田制度下,土地屬於國家,而尚未成爲私產,但農民對份地的佔有也在日益鞏固。……授田制雖未直接導致個體私有,但卻加速了土地私有化的進程,戰國後期出現零星的土地買賣,秦統一中國後,『令黔首自實田』,那時的土地私有關係已經是成熟了。」〔註278〕

(二)斯維至

斯維至認爲:「遠在氏族社會末期,就已經有個體農民的出現了,不過大批的個體農民的出現總要在戰國父家長家族破壞以後。」〔註279〕他指出:「戰國以後個體農民的出現,主要是生產力的發展,鐵器的使用,促使農工業和商業的進一步分工以後的結果。只有鐵器才能給農民以獨立生產的條件。」〔註280〕

他研究了孟子、《周禮》等所講田制的實質,認爲春秋戰國以來實行的「授田制」與原來公社土地所有制的「井田制」是不同的,他說:

> 在當時商品經濟的衝擊之下,「農不如工,工不如商」,家族公社破壞以後,個體農民紛紛離開土地跑到城市中去。這種情形引起了新的社會矛盾,所以春秋戰國之際許多思想家政治家關心、討論個體農民問題和土地問題。如孟子所講的井田制,《周禮》所講的田制以及李悝、商鞅的變法,都是因家族公社破壞以後,個體農民的大量出現而提出來的田制改革方案。這種改革方案總體而言,就是自上而下地把土地按等級、人口分配給個體農民耕種,從而向他們徵收賦稅、分配徭役,以達到「力役平而賦稅均」的目的。
>
> 凡造都鄙,制其地域而封溝之,以其室數制之。不易之地

〔註276〕趙世超《論戰國時期私有制的發展》,第55頁。
〔註277〕同上。
〔註278〕同上,56頁。
〔註279〕斯維至《說室》,收入《允晨叢刊67 中國古代社會文化論稿》,第72頁,原載陝西師大《社會科學論文集》,1982年。
〔註280〕同上。

家百畝，一易之地家二百畝，再易之地家三百畝。

就是這種授田制的具體方案。應該注意：（1）它是按「地域」和「室數」來劃分和組織起來的，因此它同按血緣關係劃分和組織起來的家族公社不同，應該叫做農村公社。這「室數」顯然不是「百室一族」的「室」，而是家族公社破壞以後的個體農民。（2）它們的土地雖然有「不易」、「一易」、「再易」的區別，但只是「自爰其處」而已，已不是「三年一換土易居」了。因此這種田制儘管名為「國有」，實際上已為私有土地打開缺口，這種田制應該正其名為「授田制」而非井田制（雖然有相似之處）。但是自班固在《漢書·食貨志》裏把它作為井田制來敘述之後，卻迷惑了許多讀者。〔註281〕

（三）沈長雲

沈長雲以馬克思在《覆信草稿》中的「農業公社」的特點來定義「農村公社」，並且以此來理解「亞細亞生產方式」的問題。

他認為「亞細亞生產方式在中國確實是存在過的，不過這種生產方式產生的時代並不很早，大約到戰國時期，我們才明顯感到它的存在。從近年的研究情況來看，戰國並不像傳統所說的是地主制封建社會開始的時代，而是我國亞細亞生產方式確立的時代」。〔註282〕

他從分析戰國的土地制度出發闡述了他的這一觀點，他說「戰國時期各國沒有或基本沒有個人對於土地的私有」，「戰國時期不少地方尚實行著一種國家對於授予農戶的土地定期重新分配的制度，即過去文獻中反覆提到的爰田制」，「爰田就是換田〔註283〕。……為何要定期更換農民的土地呢？因為每個農戶領受的土地有好有壞，為使『肥饒不得獨樂，墝埆不得獨苦』，因而要用三年一換的辦法求得『財均力平』」。〔註284〕他進而認為：

　　……這樣一種類型的土地制度……正是與戰國社會普遍存在著農村公社的社會組織相適應的。在人類歷史上，像爰田制這樣把

〔註281〕斯維至《說室》，收入《允晨叢刊67　中國古代社會文化論稿》，第73～74頁。
〔註282〕沈長雲《亞細亞生產方式在中國的產生及相關歷史問題》，第67頁。
〔註283〕沈長雲指出過去一些學者認為《漢書·地理志》中所說秦國實行的「爰田制」是只在自己佔有的土地上自行輪作的觀點是不正確的，他認為《漢書·地理志》談到的秦國「爰田制」與齊國《田法》所記載的「爰田制」都是定期重新分配土地的制度。
〔註284〕同註282，第67、68頁。

土地平均分配給個體家庭並定期重新分配的制度，僅僅是和農村公
社的發展階段相適應的。……目前，我們還未發現商周時期有過國
家對個體農戶定期分配土地的資料，確切一些説，是那時的生產力
水平尚未達到個體生產的程度，社會組織也未達到不復按血緣關係
組織的程度，因此，亞細亞生產方式在我國的產生，也只能限於春
秋戰國之際這一歷史時期了。〔註285〕

他強調春秋戰國以來的生產組織不同於西周時期的血緣集體，春秋戰國
時期不同血緣的人們開始混居，貧富的區別也逐漸呈現，隨著在個體家庭間
定期分配土地制度的出現，我國古代的邑里終於演變成了農村公社的組織。
〔註286〕

沈長雲認爲春秋戰國之際作爲農村公社性質的「里」逐漸成了「國家基
層行政單位兼里民的自治組織」，「而這個時期又恰恰是中央集權的專制主義
制度產生的時期」，他對比前後的政治形勢認爲：

我國西周春秋的國家還保留著濃厚的氏族社會的因素，表現在
政權結構上，主要是帶有氏族社會印記的貴族世襲專政，享有著統
治封地上土地、人民的權力；表現在社會結構上，則是前面提到的
血緣組織作爲社會細胞的長期存在。在這種情況下，國家的權力是
不能直接行使到每一個臣民頭上的，國家對臣民的土地財產也無法
直接進行干預。也就是説，還沒有形成後世那種專制君主對作爲「普
遍奴隸」的臣民直接對立的關係。這種狀況的改變約始於春秋後期，
改變的契機看來正是作爲地緣組織的農村公社普遍取代血緣組織開
始的。從邏輯推理，血緣組織的崩壞勢必使舊貴族勢力失去依據，
而使國君便於實行官僚政治；另外，無數個體家庭從氏族和父家長
制家族獨立出來以後，爲了使自己的份地和其它生產條件得到保
障，必然要尋求政治上的強有力保護，因此單個的農村公社對於土
地的分配勢必集中到它們共同利益的代表者國君手中。而專制國家
也正需要控制脱離了氏族貴族控制的廣大村社農民作爲自己兵賦徭
役的基礎，這就造成了兩者的結合。從史實上看，正是從春秋後期
開始，一些諸侯國進行了旨在加強國家集權而又同時對於土地人民

〔註285〕沈長雲《亞細亞生產方式在中國的產生及相關歷史問題》，第69～70頁。
〔註286〕同上，第71頁。

直接控制的改革，……一些國家中，作為新的權力中心的「私家」對「公室」的鬥爭，實際上也帶有爭奪個體農民的性質，……以上變革一直持續到戰國時期的各國變法。而戰國變法的目的，我們看得很清楚的也是這樣兩條：一是要繼續削弱世襲貴族權力，以加強國君集權；二是要保護和增加個體小農，以加強專制統治的物質基礎。有的同志正確認識到戰國變法是春秋末期以來各國改革的繼續，這是符合專制主義產生的運動軌迹的。〔註287〕

沈長雲正確地指出春秋戰國之際的社會變革是血緣關係向地域關係的轉移，但是他把「農村公社」與「農業公社」混淆起來，而認為「亞細亞生產方式」在我國確立於戰國時代，這就首先在公社的概念上大大縮小了「亞細亞生產方式」的適用範圍。

（四）朱鳳瀚

朱鳳瀚研究了春秋時期「公族」、「卿大夫」及「士與庶民」各階層的家族構成形態，特別指出了這個時期血緣關係在社會變動中的淡化趨勢。

他說：「所謂公族，雖然從形式上看仍是一種多層次的親屬團體（這裡主要指狹義公族），血緣關係仍是公族成員相互聯繫的紐帶，但實際上，公族的親族組織實體只限於狹義公族的初形，即國君所在的，由其與直系子孫組成的近親家族，規模甚小」，「……即使在上層貴族中，親族觀念已進一步被赤裸裸的政治利害關係所代替，而且也反映出在血緣關係基礎上所建立的宗法等級關係亦已失去了對貴族階級的約束力。因此依靠血緣宗法等級關係維持政治統治秩序的局面已臨於危機，迫使貴族階級不得不轉而尋找一種新的政治統治方式。」〔註288〕

至於卿大夫家族，「一方面，傳統的政治等級關係與傳統家族制度基本上仍保持著，如突出宗子地位的宗法等級關係，家臣與私武裝等。另一方面，主要是在春秋中、晚期，新型的政治關係、新的社會觀念在其內部逐步發展，並對舊有的政治等級關係及舊有制度作日益強烈的衝擊。此種矛盾鬥爭總的發展趨勢是：血緣親族關係的進一步被削弱；宗法等級關係在實質上的瓦解；家主與臣民間的政治等級隸屬關係的破壞；過去長期被掩蓋的人的價值、人的才干與智慧得到重視。由此看來，傳統的宗法政治團體性質的貴族

〔註287〕沈長雲《亞細亞生產方式在中國的產生及相關歷史問題》，第72～73頁。
〔註288〕朱鳳瀚《商周家族形態研究》（增訂版），第453頁。

家族在經過西周晚期與春秋早期之後，即已越過了其頂峰狀態，開始走向下坡路。而到春秋晚期後，此種家族實際上只維持著一個軀殼，其舊有的政治機能已不復存在了。」〔註289〕

　　他認爲春秋初年庶民家族的規模則急劇變小，造成這種變化的原因主要是：「其一，是農業生產力的提高使農業生產組織的規模有可能縮小。……約春秋中葉，列國多已改藉法爲稅法，此也同時標誌著農業生產可以不必再以大規模集體耕作爲基本形式，而小型的家族作爲生產組織與經濟單位更有利於農業生產者積極性的發揮。這應該是庶民家族在一個較短的歷史階段內規模由大變小的最根本原因。」「其二，一方面，含兩三代人的小型伸展家族即已可以成爲獨立的生產組織與土地佔有單位，不受過去那種血緣聚居形式的束縛，則此種小規模的家族在政治動亂或受到過重經濟壓迫的情況下，即有可能從故土遷徙呈流動狀態。另一方面，伴隨著稅畝制的實行與農業生產形式的變革，過去公、私家爲保證藉耕公田時必要的勞動力而限制農業生產者自由遷徙的制度亦相應有所鬆懈。庶民階級的此種流動，勢必造成非血緣雜居局面，從而進一步加速其傳統血緣組織的瓦解，削弱了這一社會階層中血緣關係的影響。」〔註290〕

　　關於戰國時期的情況，朱鳳瀚認爲，「到戰國早期，縣已基本上成爲列國普遍設置的地域行政組織，並在多數國家中漸由過去縣大於郡而轉變爲郡統縣，構成郡、縣兩級制」，「在郡縣制普遍實行的情況下，舊有的國野行政區劃制度已基本上不復存在。關於戰國時列國縣制下的地域行政系統散見於典籍中，其序列大多爲縣、鄉、州、里。里一般是最基層的行政地理區域與居民行政組織。」〔註291〕「……同里中居民已非血緣宗族」，而且「里從總體看不是聚族而居的居民單位。」〔註292〕

（五）顧德融、朱順龍

　　顧德融（1935～）、朱順龍（1964～）在《春秋史》一書中談到了井田制並提出了「宗族公社」的概念，他們認爲「西周農業中實行井田制度」，「井田中的土地分公田、私田兩部分，公田是共同耕種的土地，私田是各家自行耕種的土地」，公田「要將收穫的十分之一上繳國家，餘下的收藏起來用於祭

〔註289〕朱鳳瀚《商周家族形態研究》（增訂版），第491頁。
〔註290〕同上，第544頁。
〔註291〕同上，第561頁。
〔註292〕同上，第562頁。

祀祖先、聚餐、救濟等共同的開支。私田的收穫歸各家自有」，「井田制中農業生產採用集體勞動的形式」。〔註293〕

「這種井田制的基層組織在春秋時被稱爲『社』或『書社』，其與「里」是一回事，「在里中設社，將戶口、田數登記在策上，存放在社中，……它們是井田制中最基層的組織」。〔註294〕

關於井田制組織的性質，顧德融、朱順龍認爲，「它們應是馬克思、恩格斯所說的古代東方社會的基層組織——村社」，「恩格斯對德意志等民族家庭公社的描寫，與《詩經》所說的中國西周、春秋時井田制村社的情況相類似，都是從氏族公社血緣關係基礎上產生了家庭（或家族）公社。但是西周、春秋時的村社又顯然與印度、德意志不一樣，……中國井田制上的里（社）家族公社基層組織發展爲族、黨、鄉的地方基層組織是由家族擴大爲宗族，它既是地緣關係組織，又是血緣關係組織，不是一般以地緣關係爲主的農村公社。爲了區別於其他民族、國家的村社，我們應該稱其爲宗族公社。這種宗族公社在西周長期存在，到春秋和戰國時代，隨著井田制的瓦解，雖然也逐步瓦解，但仍保持著宗族關係，所以連墓葬還維持著宗族墓地制度，甚至到秦漢時宗族公社解體後，宗族的血緣關係仍十分頑強地長期保持在社會尤其是農村中」。〔註295〕他們同時認爲，「中國這種宗族公社雖然與其他國家不同，但實質是一樣的，正如馬克思所說：『這些田園風味的農村公社不管初看起來怎樣無害於人，卻始終是東方專制制度的牢固基礎……我們不應該忘記，這些小小的公社身上帶著種姓劃分和奴隸制度的標記。』公社從內部來看似乎成員〔註296〕之間是平等的，『出入相助，疾病（相）救，民是以和睦，而教化齊同』（《漢書‧食貨志上》）。但它卻是貴族統治下的剝削單位，公社農民除以『徹』的形式向國家或貴族交納莊稼收穫的一部分外，從《詩經‧豳風‧七月》看，還要交絲、麻和獸皮給貴族做衣裳，打到的野獸也要將大的獻給貴族，還要爲統治者鑿冰、運冰入窖、修葺房屋等，承擔無償的力役勞動。同時，公社成員沒有人身自由，不能任意遷徙，婦女還可能『殆及公子同歸』，

〔註293〕顧德融、朱順龍《春秋史》，上海：上海人民出版社，2001 年 6 月第 1 版，第 222～223 頁。
〔註294〕同上，第 223 頁。
〔註295〕同上，第 227～228 頁。
〔註296〕顧德融、朱順龍認爲西周、春秋社會中主要農業生產者「庶人」，及工、商階層、一般的手工業者都屬於這種宗族公社成員。（同上，第 339～342 頁。）

受到貴族的人身侮辱，甚至公社的土地及其成員還可以作爲一個整體被賞賜或贈送給別人或別國……。所以從實質上來說，公社是在宗族關係掩蓋下國家或貴族進行剝削的集體組織。」〔註297〕

顧德融、朱順龍指出：「從春秋至戰國，這種以宗族爲主體的公社開始逐漸瓦解，其主要表現爲『社』的私有化。各國國君將『社』贈送給他國或賞賜給本國貴族作爲他們的私邑。」〔註298〕而「更重要的原因是西周後期出現了人工鐵器，春秋時代逐步進入鐵器時代，鐵和青銅農具逐漸替代以石、木器爲主體的農具，牛耕開始使用，農業技術全面發展，整個社會生產力有了較大提高，原來因生產力低下所必需的大集體生產已不再需要，小家庭或個體生產已成爲可能，勢必導致公社中家庭的貧富分化，隨著剝削關係的發展和個體農民的出現，這種公社組織即必然走向解體」〔註299〕他們認爲「井田制的瓦解還反映在『公田』的衰弱和私田的不斷增加方面。……春秋時，由於『民不肯盡力於公田』（《公羊傳》宣公十五年何休注），使得公田荒蕪」，在這樣的背景下，春秋時代的「私田」卻「有很大發展，『爭田』、『奪田』的現象不斷發生。……奪田、爭田之事屢屢發生，反映了當時土地私有的現象已比較普遍了」。〔註300〕其結果是：「由於鐵農具的使用，荒地不斷開闢，私田不斷擴大，私田數量大大超過了公田，而私田在一個相當長的時期中不向國家交稅，這使擁有大量私田的私家逐漸富庶起來，而依靠公田稅賦的各國公室（諸侯）的收入卻日益減少，於是就出現了『私肥於公』的現象。面對這一不可阻擋的歷史趨勢，許多國君不得不在賦稅制度上進行改革，以維持和增加他們的收入。」〔註301〕而正是「由於各國賦稅制度的改革，客觀上促使春秋時井田制的加速崩潰，原來農業中的宗族公社逐步分化瓦解，以私田爲基礎的封建制的生產關係全面確立。到了戰國時代，各國進一步變法，尤其秦國的商鞅變法『廢井田，開阡陌』，使農村中的井田制和宗族公社組織徹底瓦解，以封建土地私有制爲基礎，以地主和農民（自耕農、佃農）爲基本階級的封建經濟逐步完善，中國到這時才由宗族公社社會最後轉變爲封建社會」。〔註302〕

〔註297〕顧德融、朱順龍《春秋史》，第228～229頁。
〔註298〕同上，第229頁。
〔註299〕同上，第230頁。
〔註300〕同上，第231～232頁。
〔註301〕同上，第232～233頁。
〔註302〕同上，第235～236頁。

（六）張金光

張金光認爲，到了戰國之初，「由於社會生產力的發展，在獲取生活資料的生產過程中，個體勞動已成爲可能，並成爲主要方式，加之以國家普遍授田，遂使小家庭漸漸在經濟上獨立，形成了衝破一切共同體（包括宗族的、村社的）外殼的強烈的爆炸力」。〔註303〕

他研究中國村社的發展脈絡指出：

> 縱觀先秦秦漢的歷史，統而言之，社會組織的歷史形態，大致經歷了如下的階段：初爲相對獨立性較強的社群共同體，繼而則漸爲各種國家政權勢力嚴格控制下的社群組織。此時比之後世，其獨立性仍較強。因爲，儘管在其上政權勢力屢更，然而村社的小圈子卻仍是牢不可破的。村社的歷史，當春秋之時產生了比較急劇的變化，這是中國古代村社的消亡期的來臨。此後則漸爲政社合一的官社經濟體所取代。……雖可以說，它與舊村社體制前後相繼，然與舊村社體制則有本質的不同，它並不是原村社制的自身自然的發展，而是國家政權強制推行的產物。必須肯定地指出，此等官社實則是新生事物，是在土地國有制高度發展以及國家授田制的普遍推行之下形成的一種新的社會經濟體制，代表著一定社會歷史形態。政社合一是其最基本的、最突出的特點，也標示出這種社會經濟體制的本質。行政編制與授田耕墾的一致性（若借用孟子一句話說，就是「鄉田同井」），便是其典型形態。待後世，則日趨由「合一」漸進爲較單純的鄉官政權，而份地受田農也同時轉化爲較爲自由的國家份地農，進至漢則有普遍的小自耕農經濟體制的發展。大致說來，此等官社經濟體制的普遍的高度的發展是在戰國、秦時。其遠程可上溯至春秋。〔註304〕

他認爲春秋時期，各諸侯國都曾對農村公社進行過普遍的整理活動，如《國語·齊語》所載的齊桓公使用管仲對齊國所作的國鄙制度改革、《左傳》襄公二十五年所記楚國「牧隰皋，井衍沃」等的做法以及魯襄公三十年鄭國「子產使都鄙有章，上下有服，田有封洫，廬井有伍」的舉措等，均具有把農村公社改編成爲官社的味道，特別是子產對鄭國井田村社進行人、地同編

〔註303〕張金光《秦制研究》，第 453～454 頁。
〔註304〕同上，第 281～282 頁。

的改革，實可作爲走向戰國政社合一制官社的序曲。〔註305〕

他深入探討銀雀山漢簡，認爲：

> ……《田法》、《王法》等篇爲破除對戰國經濟制度的傳統看法，即所謂新興封建地主經濟支配説或奴隸制説的迷信提供了鐵證。……包括秦在內的戰國，尤其是戰國早期，其社會經濟體制的支配形態乃是在土地國有制基礎上，通過多種形式的國家授田制，建立起強制性極強的份地農分耕定產責任制。這些份地農在社會生產與生活上，對國家依附性甚強。這是一種官社經濟體制。由於實行國家授田制和換土易田制，份地農間並不存在社會階級分化。〔註306〕

張金光相信孟子的井田説就是國家份地授田的官社經濟體制〔註307〕，它「是一種實行制度，且得到了貫徹，而絕非一烏托邦」，「井田的歷史形態，先是村社土田規劃制度，後是土地國有制及其國家授田制下的統一田間規劃制度。井田制度只是這種集體佔有或國家所有土地的一種具體組織規劃形式，它並不是唯一的規劃形式」。

對於商鞅變法，他認爲：

> ……這正是在高度發展的普遍土地國有制和國家授田制基礎之上，以國家基層政權爲統制，將民戶統加編制，制土分民，強令民爲國耕織。這實是確立了一套新的社會政治經濟組織體系——官社經濟體制。商鞅變法的某些措施，如土地國有化運動等，既是在無情地摧毀著舊公社，挖空了村社共同體存在的基礎；另一些措施，如鄉伍繫民，嚴密的鄉官組織與鄉治，強使民爲國耕墾等，則又在利用並保存著村社一切有利於政府統治與剝削的方面。商鞅變法的「集小鄉邑聚爲縣」，也並不是把那些以鄉邑聚爲名的形形色色的處於不同歷史階段的村社聚落體毀掉。其實，乃是對其統加行政編制，而在其上設縣官行政，加以牢固有效的控制，並把這些不同類型的鄉村聚落體巧妙地改組爲縣行政直接控制下的基層政權組織，而遂使這些政府基層行政組織具有明顯的政社合一的官社特點。秦自商鞅變法後，隨著普遍土地國有制的發展，官社經濟體制也在發展著，

〔註305〕張金光《秦制研究》，第289～295頁。
〔註306〕同上，第299頁。
〔註307〕同上，第333～340頁。

不承認這些事實，那麼，關於秦漢，特別是秦的歷史上社會經濟政
治關係中許多重大問題（如土地國有制下的國家授田制，鄉官權重，
鄉治嚴密等）便得不到切實的說明和解釋。……〔註308〕

二、俞偉超－何茲全－林甘泉－徐喜辰－謝維揚－唐嘉弘－楊寬－袁林

俞偉超、何茲全、林甘泉等認為春秋戰國時期原來定期分配土地的公社
制度趨於瓦解，個體耕作從中獨立了出來。

（一）俞偉超

俞偉超指出：「自春秋中期的晉『作爰田』到戰國中期的商鞅『制轅田』，
是公社形態在周代發生又一次大變化的標誌」，「晉的『作爰田』秦的『制轅
田』，當如孟康所說，是『爰自在其田，不復易居也』；就是對農戶只實行一
次性的計口授田，在按戶按口分配土地之後，各戶便自行在佔有的土地中，
輪換休耕地，不再為了平均各戶所佔有的田地的肥磽之異，定期重分。」〔註
309〕

但他強調：「這種以土地的私有制來取代公有制，當然會經歷一個很長的
過程，這個過程，即使不算東周時期的從『三年一換土易居』到『爰自在其
地』的變化，此後亦至少經歷了整個兩漢時期。」〔註310〕

（二）何茲全

何茲全十分重視交換經濟的重大歷史作用，他認為學術界對於春秋戰國
之際的交換經濟和城市經濟發展水平和社會作用認識還不夠，春秋戰國之際
的社會大變化，是由自然經濟為主的農業農村經濟轉向商業交換經濟和城市
經濟。〔註311〕

在土地所有制的發展變化方面，何茲全指出：

春秋戰國之際開始的土地所有權的變化，有前後兩個段落。頭

〔註308〕張金光《秦制研究》，第 355～356 頁。
〔註309〕俞偉超《中國古代公社組織的考察——論先秦兩漢的單－僤－彈》，第 65～
　　66 頁。
〔註310〕同上，第 69 頁。
〔註311〕《社會形態與歷史規律再認識筆談·中國古代社會形態演變過程中三個關鍵
　　性時代》，第 6 頁。

一段落是：井田制破壞，農民對自耕分地的佔有關係加強，出現自
耕農民小土地所有制；氏族貴族階級分化，一部分貴族也下降爲自
耕農。這一段的時間是春秋時期到戰國初。後一段落是軍功貴族通
過賜予和買賣取得土地；與此同時，商人、貨幣持有人也通過買賣
取得土地，他們和軍功貴族一起構成新興大土地所有人。這一段的
時間是戰國時期。〔註312〕

而且，

春秋戰國時期是中國社會歷史重大變化的時期，變化的主要特
點是貴與賤的對立逐漸向富和貧的對立關係上移轉；族和族的界
限，通過融合同化而逐漸消失。這一切變化當然都和土地所有制的
變化聯繫在一起的。〔註313〕

（三）林甘泉

林甘泉認爲中國古代的公社制度瓦解於春秋戰國時期，由於生產力的發
展，「到了戰國初年，東方各國農村社會生產的基本單位，已是一家一戶的個
體家庭，亦即李悝和孟子所說的『治田百畝』的『五口之家』或『八口之家』。
只有秦國比較落後，……直到商鞅變法，才利用國家政權的力量，強制這種
大家庭分解爲小家庭」。〔註314〕

他指出：

馬克思說，「農村公社土地所有制的『二重性』能夠成爲它的
強大生命力的源泉」，因爲「公有制以及公有制所造成的各種社會關
係，使公社基礎穩固」；但是，「這種二重性也可能逐漸成爲公社解
體的根源」，因爲「房屋的私有、耕地的小塊耕種和產品的私人佔有
又使個人獲得發展，而這種個人發展和較古的公社的條件是不相容
的。」我們從中國古代農村公社土地所有制的演變中，也看到了這
樣的歷史過程。「三年一換土易居」的授田制雖然保持了耕地的公
有，但份地的分散耕種和產品的私人佔有必然使公社和農民之間出
現財富的不平等。隨著生產力的發展和私有制因素的增長，一些收
入比較多的農民就會要求份地不再定期重新分配。而國家在經濟發

〔註312〕何茲全《中國古代社會》，第124～125頁。
〔註313〕同上，第127頁。
〔註314〕林甘泉《古代中國社會發展的模式》，第6頁。

展的趨勢面前，也不得不對授田制進行一些改革。由於社會發展不平衡，從春秋到戰國，土地關係的這一變化在各國所經歷的時間並不一致。晉國在晉惠公六年「作爰田」，秦國在商鞅變法時「制轅田」，都是對授田制進行的重大改革。〔註315〕

他認爲《漢書‧地理志》中的「轅田」即「爰田」，都是「爰自在其田，不復易居」的意思，雖然「由於土地肥饒磽埆不同，爰（轅）田制下的農民授田仍然有百畝、二百畝、三百畝的差別。『歲耕種者爲不易上田，休一歲者爲一易中田，休二歲者爲再易下田』。但不論是耕種上田、中田或下田的農戶，都已經不再定期交換耕地，而是根據休耕的需要，『自爰其處』。這種『三歲更耕之，自爰其處』的爰（轅）田制，代表了授田制的一個新的歷史階段。」〔註316〕

林甘泉認爲此種田制的繼續推移則是公社農民的份地變爲個體小農的私有土地，「從『三年一換土易居』的授田制演變爲『自爰其處』的授田制，標誌著土地私有化的歷史過程向前跨進了一大步。在爰田制下，耕地雖然仍舊屬於共同體所有，但農民的份地既然不再定期重新分配，隨著時間的推移，他們對於份地的佔有權勢必然越來越牢固，以致於這些小塊土地事實上變成了各家農民的世襲財產。與此同時，份地個體經營的結果，又會引起動產積累的差別。」〔註317〕

對於戰國初期各諸侯國沿襲古老的傳統還在實行不再定期重新分配的授田制，他認爲不能等同於春秋以前的公社授田：「戰國時代授田制的存在只能說明，當時國家還掌握著大量的土地，而農民對份地的私有權還沒有最後確立。但是，就現實經濟關係而言，份地已經成爲農民的私有財產而不能說是國有土地。」〔註318〕「戰國時代一些國家所實行的授田制，已經不同於春秋以前的授田制。春秋以前，社會的基層組織是家族公社和農村公社。國家通過公社授田，主要是保證公社農民有一塊份地，土地公有和私有的二重性是很明顯的。戰國時代，家族公社和農村公社已經解體，廣大個體小農被編制在鄉里什伍組織之中。農民從其先輩繼承下來的份地，已經成爲他們的私有

〔註315〕林甘泉《中國古代土地私有化的具體途徑》，收入文物出版社編輯部編《文物與考古論集》，第 195 頁。
〔註316〕同上，第 195～196 頁。
〔註317〕同上，第 200 頁。
〔註318〕同上，第 201 頁。

土地。一些國家雖然還繼續推行授田制，但目的主要是爲了吸引和強制農民開墾荒地。因此，對於戰國時代授田制所實行的範圍以及它在各國經濟生活中的地位和作用，應當有恰當的估計。」〔註319〕

　　林甘泉認爲春秋戰國是奴隸制向封建制轉變的時期，他說：「春秋戰國之際，農村公社瓦解之後，並沒有出現類似古代希臘羅馬那種自由的土地所有者。以一家一戶爲一個生產單位的廣大個體農民，絕大多數是具有封建國家佃農性質的授田制農民，其次是耕種地主土地的封建租佃制農民。這兩部分勞動者的數量，無疑要比從事農業生產的奴隸多得多。就發展的趨勢來說，當授田制農民所帶有的公社農民的痕跡逐漸消失之後，封建租佃制在農業中也日益成爲支配的形態。基於這樣的歷史事實，我們有理由認爲戰國是封建社會形成的時代。」〔註320〕

（四）徐喜辰

　　徐喜辰認爲西周末「廢除了籍田禮，不能僅僅看作是一種儀禮上的變化，而是反映了中國古代公社所有制即井田制度從此已由定期分配轉向永久佔有，從這時候起已經取消了所謂『公田』和『私田』的區別，『履畝而稅』了」，「爲了實行『履畝而稅』，首先必須使公社農民的『私田』固定化，因此公社內部的定期分配土地，也便由暫時的佔有變爲永久的佔有，即由『三年一換主（土）易居』變爲『自爰其處』，根據《周禮・大司徒》及《遂人》的記載，當時「實際的耕種面積不管每個公社農民所授的土地爲上地、中地還是下地，每年都是一百畝」。〔註321〕他認爲「由於各地區社會經濟發展的不平衡，這種土地制度的變化是先後陸續完成的。就西周全國範圍來說，周王畿完成的較早，而諸侯國完成的較晚。」〔註322〕與此同時，「西周末年，特別是春秋初年以後，由於社會生產力的發展，公社及其所有制即井田制逐步有了變化，過去的『國』『野』區別以及『國人』與『野人』身份地位的差別也逐步在消失」，而「我國古代的公社所有制由定期分配變爲永久佔有後，加之『國』『野』關係的消失，當時的賦稅制度，也由西周時期的『國』

〔註319〕林甘泉《中國古代土地私有化的具體途徑》，收入文物出版社編輯部編《文物與考古論集》，第203頁。
〔註320〕林甘泉《從出土文物看春秋戰國間的社會變革》，第41頁。
〔註321〕徐喜辰《井田制度研究》，第183～184頁。
〔註322〕同上，第185～192頁。

中行徹法，『野』裏行助法和貢法變爲普遍一律地採取用徹法來剝削和奴役公社農民了」，但他強調：「所謂『初稅畝』一類的歷史現象的出現並不是封建生產關係的形成，而只能說明中國古代公社裏的公社農民的『私田』從此走向固定化罷了。」〔註323〕

徐喜辰認爲春秋初年以後，公社的組織形式也發生了變化，「到了公社土地由定期分配到公社農民長期佔有，到了『國』中的徹法和『野』裏的助法隨著『國』『野』關係的逐漸消失，一律爲『履畝而稅』的徹法所代替以後，公社農民這個個體與國家的隸屬關係就愈來愈加強了。從這時起，奴隸主國家就不僅通過公社對農民進行授田、還田和進行各種剝削，而且還要通過公社來瞭解公社的人口多少和土地數字，作爲向公社農民進行各種剝削的依據。從這時起，各國普遍地出現了『書社』組織，也就是後期公社及其所有制，所以各國諸侯封賜土地時，也就以書社爲單位了」，「春秋時期以後的公社所以稱爲書社的原因，就是因爲公社必須把公社內的戶口、土地數字製成清冊上交於最高統治者國王或國君，作爲對公社農民徵稅和力役的根據。……這與西周時期以公社爲對象，而不是以每一家族或個人爲對象進行剝削的情況不同了」。〔註324〕「在西周時期是『不料民而知其多少』，是不進行戶口調查的。那時期不論『國』中公社農民還是『野』裏的公社農民，都是不能隨意遷徙的。當時的公社農民，凡是不按規定而遷徙者，則視爲一種犯罪行爲，『則唯圜土（監獄）納之。』當時的奴隸主貴族施用這種強制力量，把『國』中和『野』裏的公社農民束縛在土地上，雖然是爲了保證國家的稅收，同時也是爲了使公社之間彼此較少聯繫」，「但是，到了春秋時代，特別是春秋後期，由於氏族貴族奴隸主加強了對公社農民的剝削以及有些國家採取了招徠民人的政策，公社農民便開始流徙起來」，「因此，從西周末年的周宣王『不藉千畝』後，直到春秋戰國間，各諸侯國也就不得不加強其對公社農民的戶口和土地的調查和整理了」。總之，「由於公社所有制由定期分配變爲長期佔有，賦稅制度一律改爲『履畝而稅』以及剝削單位由過去的公社變爲每個公社農民以後，便不能不『以社之戶口，書於版圖』，以爲奴隸制國家向公社農民進行徵稅、勞役、徵兵根據的反映。各國相繼實施的上述戶籍制，都在於確定各戶人口和財產情況，通過戶籍與國家直接發生關係，從而把農民束縛

〔註323〕徐喜辰《井田制度研究》，第192、196～197頁。
〔註324〕同上，第199、200頁。

在土地上，永遠提供稅役，這也就是『編戶齊民』的開端」。〔註325〕

關於書社的組織結構，徐喜辰說，「西周時期有『國』中和『野』裏的兩種『邑』即公社，可是到了春秋時期以後，由於書社組織的出現，這種區別也就逐漸消失了。也就是說，各國的『野』裏公社已由過去的『八家共爲一井』變爲『九夫同井』，『國』中和『野』裏的『書社』都同樣按『伍』來編制，就都成爲《周禮·地官·遂人》職所說的：『五家爲鄰，五鄰爲里』即二十五家爲一社了」，但是「春秋戰國時期的公社大小並不完全一致，一般的是二十五家，也有十家、百家，千家的大概是少數。至於村社的名稱雖然多稱『書社』，但也有稱『邑』、稱『里』、稱『社』、稱『鄉』，更有稱『聚』的。所以商鞅變法時，就曾把鄉、邑、聚合併成縣。這就是說，自從春秋戰國間有縣制的設立，就逐漸把這些鄉里公社的組織統一起來」，而與後世不同是，「春秋戰國時期的書社頭目是選舉出來的」。〔註326〕

徐喜辰認爲「書社」是公社向地方行政單位之鄉、里過渡的一種形式，「春秋時期的文獻中，已經出現了鄰、里、鄉、黨的行政單位，鄉下有黨，里下有鄰，但鄉與里的關係，不慎清楚。當時的鄰里鄉黨，有時並列，有時交織，又時稱鄰里，時稱鄉黨。這種互混，正是一種新制度產生時期的正常現象，並不足奇」，「西周時期的鄉、里組織，主要分散在『野』裏，它與『國』中的鄉、黨不同之處，有政治等級上的尊卑，政治權利上的不同，經濟剝削上的差異等。所以那時的鄉、里和春秋戰國時期出現的、作爲一種地方行政機構的鄉、里，在本質上是有所區別的」，「但是，到了前述的自『三年換主（土）易居』到『自爱其處』和『書社』形成之後，這種鄉、黨、鄰、里也都先後形成了一種新型的行政機構。不過，當時的奴隸主貴族爲了保證這套行政體系的鞏固，仍然沿襲了原來的血緣地域組織在內的約束力量及其形式和名稱，貫穿以新的統治內容，從而改造爲共賞同罰的隸屬機構」。〔註327〕

徐喜辰指出：「這種長期殘存於我國商周奴隸社會裏的公社及其所有制即井田制，到了戰國中葉的商鞅變法前後，由於商品貨幣關係的發展，最後走向了解體的道路，土地私有制也就跟著發生了。」〔註328〕而戰國以來，隨著

〔註325〕徐喜辰《井田制度研究》，第201、202、204頁。
〔註326〕同上，第204、205頁。
〔註327〕同上，第212～213、214頁。
〔註328〕同上，第216～217頁。

公社秩序的破壞，舊的氏族貴族奴隸主階級走向了沒落，新興軍功奴隸主得到崛起，表現在了意識形態上就是「百家爭鳴」的局面，其形式雖然混亂，但其核心，無非就是在公社秩序破壞後如何加強和擴大國家權力以及否定舊的公社的殘餘影響。〔註 329〕

（五）謝維揚

謝維揚認為：「周代庶人階層的農村公社已經不是處於原始社會末期和由原始社會向階級社會過渡時期的原生的農村公社，而是沿續到階級社會中的農村公社形態。民族學中稱這種形態為『蛻變質態』的農村公社」，而「周代農村公社的蛻變質態，預示著它們自身解體的前景。大約在戰國時期，這種農村公社共同體開始在各國解體。」〔註 330〕

他根據秦簡、《周禮》等資料指出：「農村公社解體的一個重要標誌就是先秦井田制度的瓦解。最終擺脫公社共同體的個體農民家庭開始出現了。有關戰國時期農業人口中家庭的情況十分複雜。總的來看，至少在戰國後期，家戶的重要性已超過了公社。室成為各種經濟活動中最常見的單位。……像《周禮》所記載的那種定期在各家戶間重新分配土地的情景，在可靠的有關戰國後期的史料中已經看不到了。從居民編制制度來看，直到春秋時期各國都還有『書社』制度，亦即以農村公社共同體為單位來統計和處理（如賞賜等）全國的土地和農業人口。然而戰國後期戶籍制度逐漸通行。……在戶籍制度的基礎上，各國實行了按戶徵收的戶籍稅。……戰國時期秦國變法中實行的連坐法，實際上是在農村公社解體的情況下政府控制人民的一種措施。在農村公社時代，公社成員『禍災共之』，相互間有著很強的基於對公社認同的責任感，連坐法的實行，無疑說明了這種自發的認同和責任感已經消失，不得不訴諸法律。……在戰國時期，周代庶人家庭的外部關係發生了巨大的變化，它們由原先從屬於農村公社變為直接置於國家戶籍制度的管轄之下。隨著這一過程，他們自身也逐漸演變為真正的封建依附農民、租佃農民或自耕農。」〔註 331〕

關於貴族的情況，他也指出：「正當戰國時期庶人家庭發生劇烈變化的同時，周代貴族階層中的早期宗法制度也在發生巨大的變化。由於各國社會的

〔註 329〕徐喜辰《井田制度研究》，第 272～273 頁。
〔註 330〕謝維揚《周代家庭形態》，第 302、303 頁。
〔註 331〕同上，第 303～304 頁。

劇烈動盪和變革，舊有的貴族秩序逐漸分崩離析，原先的宗法貴族紛紛破落沉淪，昔日的宗族團體相繼解體。嚴格的世系在許多人們中間難以確切地追溯。有氏居民與無氏居民的傳統區分已經沒有實際意義。結果是社會所有成員差不多都成爲有氏的居民。這實際上意味著舊有的貴族血緣集團的泯滅。這個過程與庶人家庭個體化的進程產生合流，終於使得秦漢以後逐漸重建起來的封建宗法團體，在其成員的構成上，開始將不同階級的家庭置於同一宗法團體內。」〔註332〕

（六）唐嘉弘

唐嘉弘認爲：「周代社會的農村公社，經過周厲王的『專利』，宣王的『不籍千畝』，魯國的『初稅畝』、『作丘甲』，鄭國的『作丘賦』，秦國的『初租禾』和商鞅變法等一系列的長期的經濟、政治的變革，看來還不能說明農村公社已經崩潰，僅能說明公社結構正在逐步的削弱，以及封建制生產方式的剝削制由勞役地租轉換爲實物地租。春秋戰國之際，各國均沿著這條路徑發展。」〔註333〕

他評價商鞅變法在秦國的改革「大大的促進了直接生產者的自由地形成，促進農村公社內部私有制的進一步發展，順應了當時社會生產力發展所提出的要求。於是農村公社在其自身不可解決的矛盾的基礎上，在秦國開始走上崩潰解體的途徑」，「但其殘餘在歷史上卻保存了許多世紀，隨著內外因素的影響，特別是當其在一些少數民族統治者的征服下，其殘餘有呈迴光返照現象」。〔註334〕

他指出：「夏、商和周代雖同以農村公社爲其社會基層組織，但由於所有制和生產方式剝削形態的不同，夏、商建立的是奴隸制王朝，西周時代建立的是封建領主制王朝。在典型的農村公社時期，眞正的所有者，那是公社，當時所謂國家土地所有制，從嚴格意義上講，應當說僅是指政治上的統治而言。這和歷史上常常提到的夏、商、周三代實行『貢』、『助』、『徹』的剝削形態是完全統一的。或者說，『貢』、『助』、『徹』正是在公社所有制的基礎上反映出來的剝削形態和統治方式。『徹』法與夏商二代的區別，主要在於

〔註332〕謝維揚《周代家庭形態》，第304～305頁。
〔註333〕唐嘉弘《周代的家長制公社和農村公社——兼論中國封建地主制的形成》，收入唐嘉弘著《先秦史新探》，第261頁。
〔註334〕同上，第263頁。

周王朝已經徹取了公社部份土地，公社所有制已不完全了。」〔註335〕但「中國古代國家土地所有制的確立及其徹底化，直到商鞅變法以後，隨著農村公社的解體過程，土地私有制的大量出現，才逐漸形成」。〔註336〕

　　唐嘉弘認爲馬克思所說的「亞細亞式古代東方的社會形態」的特點主要是：「1、實際的眞正的所有者只是公社；2、私人的財產，是不存在的；3、直接生產者在上述情況下，他本身即爲最高統治者的財產——奴隸。」而「對比商代及其以前的夏代，可以說，似乎有不少相同之處。但從西周開始以後，封建領主制建立，情況逐漸改變了，春秋戰國之際，這一改變得到迅速的發展，其改變的基本點，就是農村公社的所有制逐漸由量變以至到質變，到了秦代，農村公社的土地所有制解體了，大土地所有制和國家土地所有制，完全形成。這一系列歷史實際和所謂亞細亞或古代東方，看來是沒有多少共同之處的。」〔註337〕

（七）楊　寬

　　在《戰國史》（增訂本）〔註338〕一書中，楊寬似乎模糊了自己過去對於中國古史分期問題的某些觀點，而只是強調春秋戰國時期井田制公社制度的破壞，是中國歷史上的一個重大變革。

　　他說：「實事求是地進行分析，中國從古到今的歷史發展規律，很明顯不同於歐洲的歷史，既沒有經歷古代希臘、羅馬那樣的典型的奴隸制，也沒有經歷歐洲中世紀那樣的領主封建制。春秋、戰國之交是『古今一大變革之會』，貴族統治下的井田制的瓦解，按畝徵稅制度的推行，是個開始變革的關鍵。從古文獻看，兩周、春秋時代的井田制，就其本質來說，很明顯是貴族統治下所保留的農村公社土地制度，既有共同耕作『公田』的『助法』，又有一『夫』受田百畝的規定，爲了使得『財均力平』，還有『三年一換土易居』的辦法。春秋、戰國之交各國先後取消了共同耕作的『公田』的『助法』，推行按畝徵稅的制度，從此主要的農業生產者，是耕作『百畝之田』、

〔註335〕唐嘉弘《周代的家長制公社和農村公社——兼論中國封建地主制的形成》，收入唐嘉弘著《先秦史新探》，第 265 頁。

〔註336〕同上，第 264 頁。

〔註337〕同上，第 268 頁。

〔註338〕《戰國史》一書初版於 1955 年，後來作者又於 1980 年和 1992 年分別作了重要修訂，出版了「第二版」及「增訂本」，本處依據的是「增訂本」。（見楊寬《戰國史·後記》（增訂本），上海：上海人民出版社，1998 年）

納『什一之稅』的『五口』到『八口』之家的小農。從魏國李悝變法，直到
秦國商鞅變法，無非是推行獎勵這種小農努力『耕戰』的政策，於是小農經
濟成爲主要的生產方式，成爲君主政權立國的基礎。」〔註339〕

楊寬認爲西周後期、春秋以來「井田制的瓦解，一方面表現爲『公田不
治』，『公田』上的農業生產逐漸沒落；另一方面表現爲井田以外開墾的私田
不斷增多。這種井田以外開墾的私田，性質就不同於井田制的所謂私田。」
〔註340〕他認爲「隨著井田制的解體，『國人』耕作的『份地』首先私有化，
於是住屋和耕地開始買賣了」，而且「總的看來，田地私有化，首先是原來
井田制所分配的『私田』（即份地）的私有化，先從『國人』開始，後來推
廣到『野人』（即庶人）的。這種耕地的私有權，往往是執政者爲爭取民眾
力量支持而特別賜與的。」〔註341〕他平議有關「作爰田」的解釋認爲：「從
來對『爰田』有兩種解釋，一種認爲這是廢止了原來井田制『三年一換土易
居』的定期更換耕地的辦法，改爲各自在三年中輪流休耕，即《漢書‧食貨
志》所說：『三歲更耕之，自爰其處。』實質上就是准許耕者長期佔用耕地，
包括輪流休耕的所謂『萊田』。另一種解釋，認爲『爰』就是『易』，指『易
其疆畔』而言，便是開拓原有封疆阡陌，確認原有耕地和新開墾田地的私有
權。《漢書‧地理志》說『孝公用商君，制轅田，開阡陌，東雄諸侯。』可
知秦國商君變法，『開阡陌封疆』，擴大田畝面積，就是『制轅田』。看來兩
種解釋並不矛盾，『爰田』就是肯定耕者原有耕地和新開墾田地的私有權，
包括輪流休耕的『萊田』在內，因爲新開墾的田地必須輪流休耕，才能保持
產量。」〔註342〕

（八）袁 林

袁林〔註343〕認爲從西周後期開始，以宣王「料民太原」爲標誌，舊的被

〔註339〕楊寬《戰國史》（增訂版），第6～7頁。
〔註340〕同上，第154頁。
〔註341〕同上，第157頁。
〔註342〕同上，第157～158頁。
〔註343〕袁林在其《兩周土地制度新論》書中說：「西周時期，被剝削者用以實現必要
勞動的土地由公社自行分配和調節，實現剩餘勞動的土地則在此外，剝削者
只關心並干預後一部分土地」（第212頁），「在性質爲前資本主義公社的被剝
削者集團內部，……公社成員在公社經濟關係中的平等地位，決定了他們採
取各種不同類型的平等分配和使用土地的方式」（第146頁），由此可推知，
他大概也認爲西周時期的公社內部原來存在著定期分配土地的耕作方式。

剝削者集團——公社本身逐漸趨於瓦解，而以此爲基礎的舊的剝削方式及土地制度也不能再維持了。齊國管仲改革等春秋戰國時期經濟關係變革的最基本最核心的內容，正在於使媒介於公社的剝削形式轉變爲直接作用於個人或家庭的剝削形式。〔註 344〕

　　他從公社是「內部自成系統、自我調節、整體與外部社會發生關係」的認識出發，認爲不能把管仲改革以來形成的「書社」稱爲公社。「……因爲書社內部的各種經濟活動、各種事物、以至被剝削者個人和家庭，都爲統治者所直接干預，牢牢控制，它自己內部沒有什麼獨立的活動，不能自我調節，也不是自成系統，一切以統治者的需要、組織和干預爲轉移。……如果說書社與公社有某些共同之處的話，那麼，與其說書社保留了公社的殘餘，還不如說書社作爲剝削者人爲的一種基層組織，竭力去模仿公社，套用公社的形式，以利於自己的剝削與統治。」〔註 345〕

三、小　結

　　中國古代的私有財產、私有制是在春秋戰國時期隨著公社組織及其所有制——井田制的崩壞而逐漸形成的，這一點已經爲大多數研究公社組織的學者所肯定。但是在另一方面，在血緣關係與地域關係的更替上，在集體耕作與個體耕作的轉變時間上，有關學者的意見還是有相當分歧的。

　　這種分歧主要在於，認爲西周公社是家長制家庭公社的學者多認爲西周社會的血緣關係遺存還很嚴重，其生產方式採取的是集體耕作，因此春秋戰國時期公社制度的崩壞同時伴隨的就是血緣關係讓位給地域關係，而且由於生產力的發展，勝任個體耕作的小農也在這個過程中逐漸形成。然而認爲西周公社是農村公社（農業公社）的學者則多強調西周社會地域關係的發展已經很成熟，當時社會的基本生產單位是公社，但從事生產的則早已是定期重新分配土地的個體小農，因而春秋戰國時期公社組織的崩壞導致的是社會生產單位由公社轉向個體小農。除此之外，還有學者認爲西周「國」、「野」分別存在家庭公社和農村公社（農業公社）兩種公社組織的，或者也有承認當時農村公社中在一定程度上還存在血統親屬聯繫而賦之以新的公社名稱的。總之，在承認春秋戰國時期「共有制」向「私有制」轉變的基礎上，血緣關

〔註 344〕袁林《兩周土地制度新論》，第 166～174、197～211 頁。
〔註 345〕同上，第 195～196 頁。

係與地域關係的更替問題以及耕作方式的發展演變問題也成了新時期學者們所關注的重要問題之一。

我們認為，比較各家所研究的結果來看，血緣關係確實仍然是西周社會乃至春秋時期極其重要的基本社會關係，春秋戰國時期公社組織的崩壞在某種程度上其實也就是舊有的血統親屬關係作為社會基本關係的崩壞。但同時也必須指出，西周社會由於征服所造成的雜居在事實上確實也造成了地域關係的飛速發展，這種血緣關係與地域關係交錯存在的局面，正是春秋戰國時期血緣向地域根本轉變的重要前提。而生產力的發展，特別是春秋以來人丁勞力的繁衍及戰國時期鐵器的普遍使用，是造成公社解體及個體耕作產生的根本原因。

但是我們認為自由耕作的個體小農並不是只是到了春秋戰國公社崩壞之後才突然產生的，他們在春秋之前應該已經有了一定的發展。公社的農業生產在過去生產力低下的情況下雖然進行過集體耕作（即家長制家庭公社時期），但在春秋戰國時期公社崩壞而析離出自由耕作的個體小農之前，在很長時期內這種公社當是採取了某種中間形態，那就是：集體協作雖然還在一定範圍內保留，但播種、收穫等勞動卻已基本由各戶單獨承擔。在這樣的公社裏，血緣關係仍然是維繫和組織廣大公社社員的基本手段。因此，在春秋戰國時期所趨於崩壞的公社其實就是西周以來的「農村公社」，但這個「農村公社」是存在血緣關係的，不是被許多學者所誤解的「農業公社」。至於中國歷史上是否存在過馬克思所說的「農業公社」，這是一個需要繼續研究的問題。

第六節　本章總結

新時期以來關於商周公社組織的研究在不少問題的研究上都取得了重要進展。在有關公社性質的探討上，「家長制家庭公社」與「農村公社」對立命題的提出雖然不一定符合馬克思、恩格斯的本意，但卻促進了人們對於商周社會血緣親屬關係及其歷史作用的進一步認識；在商周公社組織結構及其存在形式的問題上，很多學者作了卓有成效的探索，特別是李朝遠先生，他對西周公社組織所作的定量分析在研究方法上是相當具有開創性意義的；在公社組織與社會形態的探討上，一些學者把公社組織與中國古代社會形態的特點有機地結合起來（如晁福林、顧德融等），這就大大深化了人們對於中國古

史發展自身特殊性的認識。

　　值得注意的是，這一時期在「無奴學派」等的推動下，「五種生產方式」的理論構架在整個史學界的指導地位開始出現了巨大鬆動。「原始社會→奴隸社會→封建社會→資本主義社會→共產主義社會」的歷史發展順序不再是史學研究所要達成的最終目標。一些學者因此在實事求是的基礎上更加強調了包括「公社」等因素在內的東方社會的特殊性，他們對於中國古史更替階段的解釋也顯得更為靈活。然而「無奴學派」既然否定了中國歷史上存在奴隸社會，這也就在事實上向整個史學界提出了構建新的中國歷史發展形態學說的客觀要求。但究竟如何在馬克思主義史學理論的基礎上建設新的符合中國歷史實際的社會形態發展學說，這其實已經成為新時期以來整個歷史學界所必須解決的而卻又始終懸而未決的重大理論問題。

　　「公社」學說是馬克思主義歷史學中的重要組成部分，馬克思晚年對於東西方歷史發展的特點儘管表現出了不同的看法，但他卻始終試圖從「公社」的角度解釋這種差異性，甚至還嘗試從「公社」的角度對東西方的歷史發展進行整合與統一。從這個意義上說，要構建新的符合中國實際的馬克思主義社會形態學說，對於商周「公社」問題的研究與認識應當是一個基礎性的工程。

　　然而問題在於，新時期以來，中國學者對於公社問題的研究雖然在很大程度上已經破除了來自「五種生產方式」理論的絕對干擾，但卻仍然被籠罩在西歐歷史發展規律的巨大陰影之中。中國學者總是以西方後來「私有制」社會的規律即「階級社會」的原則來研究和解釋以「共有制」為基礎的中國上古社會，這在方法論上其實與原來以「五種生產方式」理論為指導的研究並無二致。東西方社會雖然都曾經歷過「共有制」和「私有制」，但其時間長短及其影響顯然是不可同日而語的。不正視這一點，也就必然不能正確地認識和評價中國歷史上的公社組織。

結語：「身份」與「財產」——對「公社」及商周「公社」研究相關問題的再思考

　　中國學者對於中國歷史上公社問題的探索總體上是沿著馬克思恩格斯所指明的方向前進的。由於歷史的、政治的、文本迻譯等的原因，中國學者在把握馬恩特別是馬克思本人的「公社」理論方面經歷了漫長而曲折的過程。可以說，從二十世紀二三十年代開始的有關商周「公社」問題的研究，直到五十年代後期以後，中國大多數學者才通過《資本主義生產以前的各種形式》、《覆信草稿》等的中譯文而終於一定程度上真正瞭解到了馬克思本人在這一問題上的重要思考成果。然而由於各種原因，中國學者在研究和討論「公社」問題時卻又在很長時期內受到了「五種生產方式」理論的羈絆。回顧近百年來關於商周「公社」問題的研究，我們覺得有必要再一次回到問題的原點。

第一節　人類社會的發展模式與「公社」

一、馬克思修改的《資本論》第一卷

　　「公社」問題，從來就是一個世界性的問題。從最初接觸到「公社」問題開始，馬克思、恩格斯就試圖把「公社」的發生、發展和解體納入到整個人類社會的發展模式中去加以考察和研究。然而由於時代的制約以及資料的限制，當時馬克思、恩格斯的研究活動主要還是建立在對西歐歷史發展階段考察的基礎之上的。因此，表現在對東方社會「公社」問題的研究上，他們

也多數是從西歐社會發展的歷史經驗來認識其意義的。

就像我們在本書上編所討論過的那樣，19 世紀 50 年代，對於當時遭受殖民侵略而深陷於無限苦難的印度社會和人民，馬克思和恩格斯都曾表現出無比的同情。他們分析印度社會，認爲造成這一切的根本原因就是廣泛存在於印度社會的「農村公社」，正是這些村社，不僅導致了印度社會的長期「停滯」，也最終讓印度社會在殖民者的鐵爪面前顯得軟弱無力。馬克思雖然嚴厲地斥責英國殖民者，但他仍然從西歐歷史發展的經驗出發「客觀」地評價了殖民者的罪惡活動。這個時期馬克思的社會發展觀，實在可以用他在 1867 年《資本論》德文第一卷中所寫的那段話加以概括：

> 問題本身並不在於資本主義生產的自然規律所引起的社會對抗的發展程度的高低。問題在於**這些規律本身**，在於這些以鐵的必然性發生作用並且正在實現的**趨勢**。工業較發達的國家向工業較不發達的國家所顯示的，只是後者未來的景象！〔註1〕

也就是說，在馬克思看來，不論在主觀上如何地厭惡資本主義，西歐社會歷史所展示的資本主義道路，終歸將是亞洲這些後進民族的未來景象。在該書中，他還批判諷刺了鼓吹俄國公社歷史作用及其意義的赫爾岑等人，他說：

> 如果説在歐洲大陸上，由過度勞動、分工、機器的奴役、未成年人和婦女身體變畸形、極差的生活等等造成的破壞人種的資本主義生產的影響，將像迄今爲止一樣，同在擴大國民軍、國債、賦稅以及以優雅方式進行戰爭等等方面的競爭手拉手地向前發展，那麼，正像半個俄羅斯人但又是完全的莫斯科人赫爾岑（順便説一下，這位文學家不是在俄國而是在普魯士參政官哈克斯特豪森的書裏發現了「俄國的」共產主義）非常認眞地預言的，歐洲也許最終將不可避免地靠鞭子和強行注入卡爾梅克人的血液來返老還童。〔註2〕

然而隨著對俄國的公社等問題研究的深入〔註3〕，在五年後即 1873 年修訂出

〔註1〕 馬克思《資本論》（根據第一卷德文第一版翻譯），北京：經濟科學出版社，1987 年 9 月，第 2～3 頁。中譯本最後的標點爲句號，但據學者研究，德文初版中的標點原爲感歎號，參見和田春樹『マルクス・エンゲルスと革命ロシア』，東京：勁草書房，1975 年，第 15 頁及第 19 頁注釋（7），以下有關《資本論》第一卷表述變化的分析主要參考了該書。

〔註2〕 馬克思《資本論》（根據第一卷德文第一版翻譯），第 750～751 頁。

〔註3〕 1870 年 7 月份開始，馬克思通過洛帕廷等人進一步瞭解到車爾尼雪夫斯基，

版的《資本論》德文第一卷第二版中，馬克思在對編排稍作調整的同時，去掉了上引「工業較發達的國家向工業較不發達的國家所顯示的，只是後者未來的景象！」中的「！」，並且也刪去了諷刺赫爾岑的上述段落，而在「第二版跋」中以讚美的語調言及同樣強調了俄國公社歷史作用及意義的車爾尼雪夫斯基，他說：

> 於是，以約翰・斯圖亞特・穆勒爲最著名代表的平淡無味的混合主義產生了。這宣告了「資產階級」經濟學的破產，關於這一點，俄國的偉大學者和批評家尼・車爾尼雪夫斯基在他的《穆勒政治經濟學概述》中已作了出色的説明。〔註4〕

馬克思繼續深入研究俄國等國的公社問題，在 1875 年出版的由其親自修訂的法文版《資本論》第一卷中，他把原來《資本論》第一卷第一版、第二版「資本的積累」章中所說的：

> **對勞動者的土地的剝奪**形成全部過程的基礎。因此，我們必須首先考察這一點。這種剝奪的歷史在不同的國家帶有不同的色彩，按不同的順序通過不同的階段。只有在英國，它才具有典型的形式，因此我們拿英國作例子。

逕改作了：

> 因此，在資本主義制度的基礎上，生產者和生產資料徹底分離了。……全部過程的基礎是對農民的剝奪。這種剝奪只是在英國才徹底完成了。因此，英國必然在我們的概述中占著主要的地位。但是，西歐的其他一切國家都正在經歷著同樣的運動，雖然因環境不同而具有不同的地域色彩，或者局限在較窄的範圍內，或者特徵不是那麼明顯，或者過程的順序不同。〔註5〕

表述的調整，預示著馬克思開始不再認爲在英國所發生的對農民土地的剝奪必然也會在其他國家再現，而把它限定在了西歐。也就是說，他開始不再認爲俄國乃至東方社會必須要通過消滅公社、建立西方式的私人土地所有制才

並且閱讀了包括他的有關公社問題的重要論文資料。（和田春樹『マルクス・エンゲルスと革命ロシア』，第 31〜44 頁。）

〔註4〕 和田春樹『マルクス・エンゲルスと革命ロシア』，第 40 頁；《馬克思恩格斯全集》（第二版）第 44 卷，北京：人民出版社，2001 年，第 17〜18 頁。

〔註5〕 馬克思《資本論》（根據作者修訂的法文版第一卷翻譯），北京：中國社會科學出版社，1983 年，第 769〜770 頁。

能取得根本性的進步。

進一步的研究使得他本人對這個結論越來越肯定，在《覆信草稿》中他就不斷地引用《資本論》法文版中的上述內容而明確地指出：「我明確地把這一運動的『歷史必然性』限制在西歐各國的範圍內」〔註6〕，「我明確地把這種『歷史必然性』限於『西歐各國』」〔註7〕，「這一運動的『歷史必然性』明確地限制在西歐各國的範圍內」〔註8〕。也就是說，他所發現的關於西歐資本主義起源的歷史規律並不是適合一切民族的歷史哲學理論！

馬克思是從研究資本主義起源的角度來追溯和研究歐洲古代史的，他的關於西歐歷史發展階段及其規律的研究，其實就如他自己所說的那樣，是「關於西歐資本主義起源的歷史概述」。既然馬克思通過對「公社」問題的深入研究最終認爲這種西歐式的生產者和生產資料分離的過程並不注定要發生在像俄國之類的東方式國家，那麼東方社會與西方社會在過去的歷史發展模式上當然也存在著很大的差異性。而造成這種差異的根本原因，歸根結蒂其實就是馬克思多年來孜孜以求的「公社」問題。因此，如何來認識「公社」及其在人類歷史發展進程中所起的作用，這其實是馬克思晚年思想過程的核心所在！

二、馬克思晚年的「農業公社」理論

我們認爲，《覆信草稿》中的「農業公社」，正是馬克思從理論高度給予東西方社會不同發展模式及其內在邏輯加以統一闡釋的最後嘗試。他在「初稿」、「三稿」中都強調指出：

> 「農業公社」的構成形式只能有兩種選擇：或者是它所包含的私有制因素戰勝集體因素，或者是後者戰勝前者。先驗地說，兩種結局都是可能的，但是，對於其中任何一種，顯然都必須有完全不同的歷史環境。一切都取決於它所處的歷史環境。〔註9〕

> ……農業公社固有的二重性使得它只能有兩種選擇：或者是它的私有制因素戰勝集體因素，或者是後者戰勝前者。一切都取決於

〔註6〕 韋建樺主編《馬克思恩格斯文集》，第3卷，第570頁。
〔註7〕 《馬克思恩格斯全集》（第二版）第25卷，第470頁，
〔註8〕 同註6，第583、589頁。
〔註9〕 同上，第574頁。

它所處的歷史環境。〔註10〕

斟酌馬克思在《覆信草稿》中的表述可知，「農業公社」是「原生的社會形態的最後階段」〔註11〕，也就是「農村公社」的最後階段。東西方社會都曾有過「農村公社」，只是由於所處歷史環境的不同，西歐社會在歷史上很早就到達了「農業公社」的發展階段。而且由於特殊的歷史環境，西歐的「農業公社」早已解體殆盡，其社會的構成此後則一直以「私有制」為基礎。但是，像俄國、印度等這樣的東方類型社會，由於「歷史環境」的特殊性，「農業公社」至今仍然普遍存在。甚至可以說在過去很長時期以內，俄國社會都是以「農業公社」或者是比其更為古老的「農村公社」為基礎的。

然而問題在於，西歐社會在「農業公社」崩毀以來，已經依次經歷了建立在「私有制」基礎上的「奴隸社會」、「封建社會」及「資本主義社會」的發展階段，而俄國等東方型社會至今卻仍然保留著「農業公社」。那麼，這種長期以「農業公社」或者是「農村公社」為基礎的社會到底是什麼社會呢？馬克思在《覆信草稿》「二稿」和「三稿」中只是這樣地分別提到：

（「二稿」）……在西歐，公社所有制的滅亡和資本主義生產的〈出現〉誕生之間隔著〈歷時好幾個世紀〉一段很長的時間，包括整個一系列依次相繼的經濟上的革命和進化，〈在那裡公社所有制的滅亡沒有導致資本主義生產的誕生，〉而資本主義生產不過是其中〈最後的〉距離我們最近的一個。……〔註12〕

（「三稿」）農業公社既然是原生的社會形態的最後階段，所以它同時也是向次生形態過渡的階段，即以共有制〔註13〕為基礎的社會向以私有制為基礎的社會的過渡。不言而喻，次生形態包括建立在奴隸制上和農奴制上的一系列社會。〔註14〕

按照這兩段話的意思，俄國等東方社會，在很長時期內，都是「以共有制為基礎的社會向以私有制為基礎的社會的過渡」，只是由於「環境」等條件一直

〔註10〕韋建樺主編《馬克思恩格斯文集》，第586頁。

〔註11〕同上。

〔註12〕《馬克思恩格斯全集》（第二版）第25卷，第471頁，〈　〉的內容為馬克思手稿中刪去的內容，參見本書附錄部分。

〔註13〕斌按，這裡的「共有制」原譯文作「公有制」，按照法文原文，譯成「共有制」更為妥當，參見本書附錄部分。

〔註14〕同註10。

沒有成熟，私有制的成分一直未能戰勝共有制的成分。也就是說，這樣的社會是建立在共有制基礎之上的，它不同於西方建立在私有制基礎之上的階級社會——奴隸制社會或農奴制社會。

考前此二十多年，馬克思在《資本主義生產以前的各種形式》一文中也分析了包括斯拉夫公社在內的「亞細亞」形式的公社，在同文中還使用了「東方的普遍奴隸制」的名詞來描述以「亞細亞」形式的公社為基礎的東方社會，並且指出：「在奴隸制、農奴制等等之下，勞動者本身表現為服務於某一第三者個人或共同體的自然生產條件之一（這不適用於例如東方的普遍奴隸制；這只是從歐洲的觀點來看的）」。〔註15〕

學者多據《資本主義生產以前的各種形式》中的上述觀點，認為處在「亞細亞」形式公社基礎上的東方社會就是奴隸社會，而且已經是屬於階級社會的範疇了。但是仔細推敲起來，階級社會是以「私有制」為基礎的社會，這種社會卻建立在「共有制」基礎之上。馬克思把這樣的社會稱作「普遍奴隸制」，把公社成員認為是公社統一體的體現者的那個人的財產——即奴隸，但卻又在許多地方特別強調這種「奴隸制」如何地不同於西方式的（即「在土地財產、農業獨佔統治的地方」的）「奴隸制」，而認為奴隸制和農奴制「在亞細亞形式下，它們所能改變的最少」。這其實也就是說，馬克思認為在亞細亞的形式下，雖然也有奴隸制和農奴制的發生，但是「公社」（「共有制」）仍然是整個社會的基礎。可見，在這個問題上，他的見解的「辯證性」與其後來在《覆信草稿》中的認識雖然存在一定的差異，但在總體方向上是一致的。即：把東方類型的社會稱之為「普遍奴隸制」，並不等於就把東方類型的社會看作是以「私有制」為基礎的社會。

但是，《覆信草稿》研究「公社」的角度與《資本主義生產以前的各種形式》畢竟是不同的，《覆信草稿》討論的是兩種不同類型的社會發展模式，而《資本主義生產以前的各種形式》則是在追溯「自由勞動……同勞動資料和勞動材料相分離」〔註16〕的歷史過程。而且，由於《覆信草稿》是馬克思逝世前兩年的著作，從研究的成熟性來說，我們認為應當視其為馬克思本人關於公社與社會發展模式的最終研究成果。馬克思在《覆信草稿》中提出的「農業公社」概念，正是在試圖解釋造成東西方社會發展道路差異的根本原因以

〔註15〕《馬克思恩格斯全集》（第二版）第 30 卷，第 489 頁。
〔註16〕同上，第 465 頁。

及東方社會特別是俄國社會將來可能的發展道路。從這個意義上說來：「農業公社」的理論可以說是馬克思晚年在研究「公社」與社會發展模式關係問題上的創造性成果。然而遺憾的是，馬克思的「農業公社」理論由於其所依據的有關俄國公社等的材料存在著很大的問題，在正式《覆信》中他最終迴避了對此的繼續討論。關於「公社」與人類社會發展模式的關係的問題也就這樣留給了後人。

馬克思的「農業公社」理論，涉及到以公社爲基礎的社會向以私有制爲基礎的社會的過渡問題。其所依據的具體材料，主要的有印度及俄國的農村公社。正如本書上編第四章第一節第三部分所分析的那樣，馬克思提出「農業公社」的概念顯然受到了科瓦列夫斯基《公社土地佔有制，其解體的原因、進程和結果》一書的啓發，科瓦列夫斯基對於印度公社演變的研究及分類可以說是馬克思「農業公社」理論形成的前提條件。〔註17〕俄國公社的材料在印度公社材料的基礎上進一步佐證這個理論的同時，也爲自己找尋到了分析其前途問題的理論依據。

然而，作爲支撐這個理論的幾個主要材料，除了本書業已論及的俄國公社問題的複雜性外，科瓦列夫斯基所作的對印度公社的研究及分類本身也並不是「鐵板」一塊！

科氏在此書第三章《印度的公社土地佔有制，按歷史順序看印度現代公社土地佔有制的各種形式》中研究19世紀現存的印度公社指出：

> 沒有一個國家像印度那樣具有如此眾多形式的土地關係。除了氏族公社以外，還有比鄰公社或農村公社；定期的平均的重新分配耕地和草地（包括交換宅院）的制度。與終身的不平等的份地制度並存，這些份地的大小或者是由繼承法規定的，或者是由最近一次重新分配時期的實際佔有情況決定的；公社的經營和私人的經營同時存在；有的地方有公社耕地，而另外一些地方則只有公社附屬地；有的地方，公社全體居民都可以使用公社土地，有的地方使用權僅限於少數古老移民家庭。在土地關係上，除了上述形形色色的公共

〔註17〕在後來尋找有關印度公社問題的材料時，筆者發現小谷汪之先生很早就提出了這樣的觀點。參見小谷汪之『マルクスとアジア──アジア的生產樣式論爭批判──』，東京：青木書店，1979年。

　　　所有制形式以外，還有農民的小塊土地，最後，還有往往包括整個

　　　區邑的大片領地。〔註18〕

科氏在對這些「現代」的材料作了深入分析之後，按照「歷史繼承順序」
〔註19〕描述了印度土地佔有形式的演變進程〔註20〕，馬克思正是在此基礎
上推進公社問題的研究並提出「農業公社」概念的。

　　但是後來巴登－鮑威爾（B.H.Baden-Powell）等學者的研究表明，科氏
所主張的印度公社土地佔有制的演變過程是完全有背歷史實際的，在這些所
謂的「公社土地所有制」之前，農民個體土地所有權實際上早已存在。巴登
－鮑威爾在其著作《英屬印度的土地制度》（*The Land Systems of British
India*）中指出〔註21〕：19世紀在印度存在的所謂「公社土地所有制」，從起
源來說不會比已經形成個體土地所有權的拉伊雅特瓦里（Raiyatwari）型村
落更早，所謂的「公社土地所有制」，在很多情況下，也都是在拉伊雅特瓦
里型村落基礎上形成的。其中的原因包括：（1）王侯對村落的賜予；（2）首
領階層及王侯領地的再分割；（3）農場經營者等買進逾期未繳納地租的村落
而傳至其子孫；（4）小氏族或冒險者團體對已有村落的征服及分配等。因此，
這種「公社土地所有制」的村落，實際上是由上層的土地所有者與從屬於其
下的下層農民階層所構成的復合體。被科瓦列夫斯基稱作「氏族公社」或者
「農村公社」的村落，實際上就是些這樣的復合體，其起源明顯要晚於農民
個體所有權已經形成了的拉伊雅特瓦里型村落。在此種復合型構造的村落
中，處於上層的土地所有者之間採取了某種形態的共有制，最後共有制又逐
漸演變爲個體所有。科瓦列夫斯基錯在把這個演變過程誤認爲了是原始公社
在發展過程中土地所有制由共有轉化爲個體所有，而完全搞混了其先後的發
展順序。

〔註18〕 李毅夫、金地譯、〔俄〕馬·科瓦列夫斯基著《公社土地佔有制、其解體的原
　　　　因、進程和結果》，第51～52頁。
〔註19〕 同上，第59頁。
〔註20〕 同上。本書上編第四章第一節第三部分引用了馬克思改寫過的這段話。
〔註21〕 以下對科瓦列夫斯基學說的批判和分析參考了小谷汪之『マルクスとアジア
　　　　──アジアの生産様式論争批判──』一書中的相關論述，參見該書第135～151頁；
　　　　巴登－鮑威爾的研究請參見 Baden Henry Baden-Powell, *The Land Systems of
　　　　British India*, Vol. II, Oxford: The Clarendon Press, 1892, p.111。有關印度土地關
　　　　係演變的歷史考察，另可參見我國學者呂昭義的文章《印度古代土地所有制
　　　　的演變》（《思想戰線》1996年第6期）。

關於定期重分土地的農村公社，科瓦列夫斯基認爲在旁遮普地區較爲常見，他爲此例舉了位於印度河右岸白沙瓦區的 1852 年和 1853 年的兩條材料。〔註 22〕這是馬克思「農業公社」的重要原型。但是，與科瓦列夫斯基的結論相反，後來 1872～73 年旁遮普省的《行政報告》卻表明，土地重分制度在旁遮普地區並不普遍。它一般只見於印度河右岸山地的阿富汗居民中（白沙瓦區正與此相鄰近），在印度河和亞穆納河間的廣大區域裏卻非常罕見，即便有，也主要集中於定期易遭受洪水襲擊的印度河河岸等特殊地帶。〔註 23〕而印度河右岸山地阿富汗居民中存在的土地重分現象，其形成原因，也應從其所處的特殊環境加以理解。〔註 24〕此種土地重分還包含有幾個層次，其中，氏族的定居地被稱作伊拉卡（ilaqa），它可分爲幾個塔帕（tappa），塔帕又包括許多凱爾（Khel），凱爾在大小上相當於含有幾個家族的村落，它又可被分作幾個甘提（kandi）。〔註 25〕土地首先在兩個塔帕之間進行交換，然後是各個塔帕內的凱爾間，最後則是各個凱爾內的甘提之間，由於塔帕與塔帕、凱爾與凱爾之間的交換是在較大範圍內進行的，因此土地連同宅地都參與了交換，但是由於塔帕、凱爾間的土地交換逐漸廢止，一般所能見到的只是凱爾內甘提間的土地交換。〔註 26〕在這樣的小範圍內，宅地的交換顯然失去了其必要性。

科瓦列夫斯基不僅把土地重分的現象一般化了，而且還誤認爲，土地交換最初是包括宅地在內的，但隨著土地所有權個體化的發展，宅地先於耕地首先被私有化了。

公社的原生性、土地的定期重分以及宅地首先私有化的觀點是馬克思提出「農業公社」理論的重要前提，馬克思至死未發表《覆信草稿》中的相關內容，或許正是因爲敏銳地洞察到了自己所依據材料的複雜性。

三、中國學者對「公社」問題的探索與貢獻

自 20 世紀 50 年代《覆信》與《覆信草稿》被譯成中文介紹到中國以來，

〔註 22〕李毅夫、金地譯、〔俄〕馬·科瓦列夫斯基著《公社土地佔有制、其解體的原因、進程和結果》，第 56 頁。
〔註 23〕Baden Henry Baden-Powell, *The Land Systems of British India*, Vol. Ⅱ, p.627~628.
〔註 24〕*ibid.*, p. 638.
〔註 25〕*ibid.*, p.636.
〔註 26〕*ibid.*, p.637.

中國學者對此都表現出了濃厚的興趣。儘管半個多世紀以來，幾乎所有的中國學者都錯誤地把馬克思《覆信草稿》中的「農業公社」等同於「農村公社」，但是關於中國古代史上「公社」問題的探討與爭論，卻在客觀上推動和發展了馬克思主義史學關於「公社」與社會發展模式關係的理論探索。

馬克思在《覆信草稿》中概括的「農業公社」不同於較古類型公社的三大特徵，這是中國學者歷來研究和探討「公社」問題的最重要的理論之一。

馬克思在「初稿」中說：

> 首先，所有較早的原始公社都是建立在公社社員的血緣親屬關係上的；「農業公社」割斷了這種牢固然而狹窄的聯繫，就更能夠擴大範圍並經受得住同外界的接觸。

> 其次，在公社內，房屋及其附屬物——園地，已經是農民的私有財產，可是遠在引入農業以前，共有的房屋曾是早先各種公社的物質基礎之一。

> 最後，雖然耕地仍然是公有財產，但定期在農業公社各個社員之間進行分配，因此，每個農民自力經營分配給他的田地，並且把產品留為己有，然而在較古的公社中，生產是共同進行的，只有產品才拿來分配。這種原始類型的合作生產或集體生產顯然是單個人的力量太小的結果，而不是生產資料社會化的結果。〔註27〕

「三稿」中則作：

> （1）所有其他公社都是建立在自己社員的血緣親屬關係上的。在這些公社中，只容許有血緣親屬或收養來的親屬。他們的結構是系譜樹的結構。「農業公社」是最早的沒有血緣關係的自由人的社會組織。

> （2）在農業公社中，房屋及其附屬物——園地，是農民私有的。相反，**公共房屋和集體住所**是遠在畜牧生活和農業生活形成以前時期的較原始的公社的經濟基礎。當然，也有一些農業公社，它們的房屋雖然已經不再是集體的住所，但仍然定期改換佔有者。這樣，個人用益權就和公有制結合起來。但是，這樣的公社仍然帶有它的起源的烙印，因為它們是處在由較古的公社向真正的農業公社過渡的狀態。

〔註27〕韋建樺主編《馬克思恩格斯文集》，第 3 卷，第 573～574 頁。

　　（3）耕地是不可讓渡的公共財產，定期在農業公社社員之間
進行分配，因此，每一社員用自力經營分配給他的田地，並把產
品留爲己有。而在較原始的公社中，生產是共同進行的；共同的
產品，除儲存起來以備再生產的部分外，都根據消費的需要陸續
分配。〔註28〕

　　上述馬克思所概括的關於「農業公社」的三大特徵，歸根結蒂其實包含
了兩個方面的內容：第一，「農業公社」與之前較古的公社不同，它是沒有血
緣關係的自由人的社會聯合；第二，「農業公社」具有公私「二重性」。

　　長期以來，中國學者正是在這兩點認識的指導下來研究和探討商周歷史
上的公社問題的，從本書所整理的中國學者有關商周「公社」問題的研究來
看，絕大部分學者都是確認商周社會存在「公社」組織的。但是在確認商周
社會存在「公社」組織的學者中，他們之間仍然存在著很大的分歧和爭論。
那就是：商周的公社組織到底是不是建立在血緣親屬關係之上的？商周的公
社組織到底具不具有公私「二重性」，「公」或「私」的情況又到底在怎樣的
程度上影響了商周社會的結構與性質？

　　關於商周的公社組織到底是不是建立在血緣關係基礎之上的問題，建國
前學者之間幾乎沒有太多的爭論。在當時的學界雖然也有「氏族」、「農村公
社」等的概念，但是大家並不把他們對立起來加以理解，許多學者都坦率地
承認血緣關係之存在。如呂振羽雖然稱殷代的公社組織爲「農村共同體」，但
他同時認爲：「公社內的氏族聯繫的性質是無可否認的」〔註29〕，鄧初民則說
道：「農村公社式的井田，中國在西周以前，毫無疑義的，是普遍的存在過，
不過在西周以前，它是農村公社的初期，是氏族社會的發展階段」。〔註30〕只
是到了五十年代，《覆信草稿》被介紹到中國並受到學界廣泛重視之後，商周
的「公社」組織到底是血緣性的「氏族」或「家庭公社」，還是非血緣性的「農
村公社」（「農村公社」＝「農業公社」）的問題才逐漸引起大家的爭論並產生
了分歧。

　　恩格斯在《起源》中認爲，家長制家庭公社「實行土地的共同佔有和共
同耕作」，「家長制家庭公社也是實行個體耕作以及起初是定期的而後來是永

〔註28〕韋建樺主編《馬克思恩格斯文集》，第 3 卷，第 585 頁。
〔註29〕呂振羽《中國社會史綱　第 2 卷　奴隸社會及初期封建社會》，第 41 頁。
〔註30〕鄧初民《中國社會史教程》，第 106～107 頁。

遠的分配耕地和草地的農村公社或馬爾克公社從中發展起來的過渡階段」。
〔註31〕由於大家普遍地把「農村公社」錯誤地等同於「農業公社」，並且以此來理解恩格斯在《起源》中對公社發展階段的表述，這就使得關於商周社會「公社」組織的爭論走向了一個極端。八十年代以來，關於商周的「公社」組織到底是「農村公社」還是「家長制家庭公社」的問題，曾引起了不少學者的注意。堅持「農村公社」的學者認為，商周社會早已脫離了血緣氏族的影響，其時的「公社」組織也就是馬克思所說的「沒有血緣關係的自由人的社會組織」，而與此相對，主張「家庭公社」的學者則認為血緣關係仍然是當時主要的社會關係。其原因，都是因為大家把馬恩所說的「農村公社」錯誤地等同於「農業公社」，才導致了必須在「家庭公社」與「農村公社」之間作一「艱難抉擇」。有的學者還不得已為此採取了折中的辦法，如張廣志名之曰「仍然保留著族的聯繫的農村公社」〔註32〕。

　　然而可以肯定的是，儘管存在著理論上的此種偏差，中國學者關於商周公社是否具有血緣性質的爭論至少已經可以讓人相信：商周社會中血緣關係的影響極其廣泛；殷商到西周、春秋戰國的發展是一個逐步擺脫血緣關係、向著地域關係發展的歷史進程。而「公社」則是這個發展進程的重要媒介。

　　與上述關於商周「公社」是否為血緣性質的研究相聯繫，中國學者在對商周公社「公私」二重性的研究上也做了很多工作。除了個別否認商周社會存在公社的學者之外，大多數學者都承認從商到春秋戰國的歷史發展是一個由「公有」向「私有」的轉變過程，而且其中的大部分學者又都認為這種劇變主要發生在春秋戰國時期。特別是「井田制」，雖然至今仍有學者懷疑其真實性，但是許多學者都把它與公社制度聯繫起來，認為這是一種包含了「公私」二重性的組織形態。關於「井田制」的具體組織形式及耕地的具體分配方式是否會如孟子所說的那樣整齊劃一，這當然是一個仍需繼續研究和解決的問題。但是至今的研究情況至少使我們可以得出這樣的結論：商周的公社組織中很早就已經有了「私有」成分的萌芽，特別是到了春秋戰國時期，由於生產力進步等的原因，「私有」成分戰勝了「公有」成分，也就是馬克思所

〔註31〕恩格斯《家庭、私有制和國家的起源》，收入《馬克思恩格斯選集》第四卷第二版，第57頁。

〔註32〕張廣志《商代奴隸社會說質疑》，第124頁；亦可參見張廣志、李學功著《三代社會形態——中國無奴隸社會發展階段研究》，西安：陝西師範大學出版社，2001年12月，第54〜55頁。

說的，最終完成了「以共有制爲基礎的社會向以私有制爲基礎的社會的過渡」。

中國學者是沿著馬克思、恩格斯所指的方向繼續探索「公社」問題的，這些探索與研究無疑在很大程度上豐富和發展了馬克思主義史學關於「公社」與社會發展模式的理論探討。中國學者的研究以豐富的材料表明：人類社會擺脫「血緣關係」的影響是一個極其漫長的過程，僅商周兩代就已經經歷了近 1500 年，此前的歷史階段更是渺茫難考，這個歷史的長度遠遠超過了後來非血緣關係的社會階段；不僅如此，關於商周社會「公社」組織的研究也進一步表明，在人類歷史上確實存在著一個以「共有制」爲基礎的社會，這個歷史階段與血緣關係同樣，也遠遠超過了其後以「私有制」爲基礎的社會的歷史階段；而無論是「血緣關係」還是「共有制」，其基本的載體，應該說都是公社。雖然我們還不能十分肯定地說，中國的公社在其歷史發展過程中是否最終曾出現過馬克思在《覆信草稿》中所說的那種──不但「沒有血緣關係的」，而且還具有公私「二重性」的──「農業公社」的階段，但是像馬克思那樣從公社解體與否的角度，把社會發展階段分爲「原生的社會形態」和「次生形態」──即以「共有制」爲基礎的社會和以「私有制」爲基礎的社會──無疑是極其可取的！

四、「公社」的歷史作用

公社既然在人類社會的發展階段中扮演著如此重要的角色，那麼，我們究竟應該如何來認識公社的本質呢？

我們認爲，在考察公社的歷史作用的時候，首先應該更多地從人的依附性的角度去加以認識，而不是完全地從經濟的尺度加以考量。在生產力極度落後的歷史條件下，單個的人是不可能戰勝嚴酷的自然環境而生存下來的，他（她）只有積極地依附於人的群體──公社──才能存活下去；反過來說，人的群體──公社，也只有通過保護和壯大單個人的數量才能確保其與自然作有效的鬥爭。在這裡，人的自身的生產以及公社對單個人的庇護作用，在很大程度上比起一般的經濟關係更爲重要。

正是在這個意義上，恩格斯這樣說道：「……生產本身又有兩種。一方面是生活資料即食物、衣服、住房以及爲此所必需的工具的生產；另一方面是人自身的生產，即種的蕃衍。一定歷史時代和一定地區內的人們生活於其下的社會制度，受著兩種生產的制約：一方面受勞動的發展階段的制約，另一

方面受家庭的發展階段的制約。勞動越不發展，勞動產品的數量、從而社會的財富越受限制，社會制度就越在較大程度上受血族關係的支配。」〔註33〕

因此，在這樣的共同體中，人對群體的依附關係以及人與人之間的關係多數會以自然形成的血緣聯繫表現出來。但即使是自然的血緣性聯繫，人們的權利也並不見得完全平等〔註34〕，在中國古代歷史上，這種不平等經常是以親屬等級的原則作用並表現出來的。如果把這種自然形成的不平等性當作私有制產生以後由於經濟關係造成的不平等性來加以考察的話，那肯定是不合適的。〔註35〕

在另一方面，在這種公社的形態中，土地等生產資料是所有成員「共有」的財產，但這種「共有」也只是一個特定群體以內的「公有」。人們這時還沒有私有的觀念，因為受到生產力發展水平的制約，個人還不可能脫離自己所屬的公社而單獨地進行生產。在這樣的階段上，對單個的人來說，擁有公社成員的資格（血緣聯繫的存在）比起佔有土地等生產資料的條件當然要重要得多。

但是同時也不要忘記，這種「共有」也不是永恒不變的！勞動生產率畢竟在日復一日地發展起來，隨之而來的，是在「共有制」的內部，首先是「佔有」，然後是「私有」的成分也在逐漸孕育和發展，直到有那麼一天，「私有」成分與「共有」成分之間達到了這樣一種程度，即公社本身發展到了馬克思所說的公私「二重性」的階段。與此同時，更為重要的是，單個人的作用也因為勞動生產率的提高而逐步遞增，在「私有」成分的催化之下，個人對共同體或者說對血族關係的依附性也在逐步減弱。終於在「那些阻礙它們越過一定發展階段的經濟條件」〔註36〕下，個人以及私有制等離開公社這個「母體」而呱呱墜地了，而公社也最終達到了崩壞的階段。

可見，公社在其發生、發展的過程中，由於勞動生產率的不斷提高，血緣聯繫的減弱與經濟上私有成分的增強是相互作用的，當私有的成分最終戰勝「共有」，個人終於游離於公社進而從血緣的依附聯繫中獨立出來的時候，

〔註33〕 恩格斯《家庭、私有制和國家的起源》，收入《馬克思恩格斯選集》第四卷第二版，第2頁。

〔註34〕 莫里斯·布洛克著《馬克思主義與人類學》，第79～80頁。

〔註35〕 可見，從人的依附性、血緣關係的角度來說，我們習慣稱之的「公社」這個中文表述似乎也並不准確，因為它過分地強調了經濟方面的意義，而忽視了其血緣依附性的一面。綜合考慮，稱之為「共同體」也許更為恰當。

〔註36〕 韋建樺主編《馬克思恩格斯文集》，第3卷，第581頁。

公社也就完成了它的歷史使命。而整個社會也就由「原生的社會形態」過渡到了「次生形態」，即以「共有制」爲基礎的社會走向了以「私有制」爲基礎的社會的階段。這也正如恩格斯所指出的那樣：「……在以血族關係爲基礎的這種社會結構中，勞動生產率日益發展起來；與此同時，私有制和交換、財產差別、使用他人勞動力的可能性，從而階級對立的基礎等等新的社會成分，也日益發展起來；這些新的社會成分在幾個世代中竭力使舊的社會制度適應新的條件，直到兩者的不相容性最後導致一個徹底的變革爲止。」〔註37〕

第二節　「公社」解體前後實爲兩個不同的時代

一、「公社」解體前後的國家形態：非階級的國家與階級國家

　　總之，以「公社」爲基礎的社會與以「私有制」爲基礎的社會實爲人類歷史上兩個大的社會發展階段。在「公社」全面崩壞以前，人類社會是以「共有制」爲基礎的〔註38〕，人與人的差別不是來自對於土地等生產資料的佔有，而是自然形成的血緣性的等親差別；而在「公社」崩壞以後，私有制就逐漸成了人類社會的基礎，雖然由於歷史的「慣性」，血緣關係的影響在很長時期內仍然不可能徹底地清除，但人與人的差別已經在逐漸爲「財富」所主導，而逐漸表現爲「階級」的差別了。

　　從個人與社會的角度來說，在以「公社」爲基礎的社會中，由於個人必須依附於「公社」進行各種實踐活動，並且由於「公社」的孤立性，以及「公社」與「公社」之間的生活缺乏聯繫，個人還不能脫離「公社」而與外界頻繁接觸。因而在這個階段上，人們間的關係往往表現爲「縱」向的聯繫，即血緣親屬的聯繫。而到了以「私有制」爲基礎的社會，個人逐漸是以獨立的形式活動的，人與人之間已經衝破了「公社」的小天地而建立起了廣泛的「橫」向聯繫，階層、階級的差別也由此而逐漸產生出來。

　　既然私有制、階級最終形成於「公社」崩壞之後，那麼，從「國家」的組織結構與作用來說，它在「公社」崩壞前後的情況也是很不相同的。在「公

〔註37〕恩格斯《家庭、私有制和國家的起源》，收入《馬克思恩格斯選集》第四卷第二版，第2頁。

〔註38〕說以「共有制」爲基礎，實際上也犯了從後世經濟的觀點看待問題的錯誤，嚴格說來，這個階段的主要社會關係還是自然血緣的或擬血緣的聯繫。

社」崩壞之前，國家更多地表現為管理的職能，而在「公社」崩壞之後，隨
著私有制、階級的最終興起，「國家」則兼有了緩和「階級」衝突的作用。恩
格斯在《反杜林論》中曾區別公社發展的不同階段談到了「階級」和「國家」
的不同形成過程〔註39〕，他認為，早在「公社」崩壞之前，國家就已經產生
了，但這時的國家更多地表現在「執行某種社會職能」的方面。由於恩格斯
針對杜林的「暴力」論已經把「國家」的非「暴力」起源方式解釋得很清楚
了，所以他沒有再繼續深入分析這種情況下的「階級」的形成過程，而只是
說：「在這裡我們沒有必要來深入研究：社會職能對社會的這種獨立化怎樣逐
漸上升為對社會的統治；起先的社會公僕怎樣在順利的條件下逐步變為社會
的主人；這種主人怎樣分別成為東方的暴君或總督，成為希臘的氏族首領，
成為克爾特人的族長等等；在這種轉變中，這種主人在什麼樣的程度上終究
也使用了暴力；最後，各個統治人物怎樣集結成為一個統治階級。」〔註40〕
但恩格斯在這裡實際上正指明了國家可以先於階級而出現的歷史事實，對
此，他在《反杜林論》中的另一個地方則又更為明確地提到：

> 但是，隨著分配上的差別的出現，也出現了階級差別。社會分
> 為享特權的和被損害的、剝削的和被剝削的、統治的和被統治的階
> 級，而同一氏族的各個公社自然形成的集團最初只是為了維護共同
> 利益（例如在東方是灌溉）、為了抵禦外敵而發展成的國家，從此也
> 就同樣具有了這樣的職能：用暴力對付被統治階級，維持統治階級
> 的生活條件和統治條件（著重號為斌所加）。〔註41〕

可見，按照恩格斯的觀點：在「階級差別」出現以前，國家的職能只是
維護共同的利益、抵禦共同的外敵；而在「階級差別」出現以後，國家才具
備了階級的性質。不用說，恩格斯所謂「統治人物怎樣集結成為一個統治階

〔註39〕見本書上編第一章第三節。
〔註40〕恩格斯《反杜林論》，收入《馬克思恩格斯全集》第 20 卷，第 195 頁。
〔註41〕同上，第 162 頁。恩格斯認為「隨著分配上的差別的出現，也出現了階級差
別」，並且認為「在實行土地公有制的氏族公社或農村公社中（一切文明民
族都是從這種公社帶著它的非常顯著的殘餘進入歷史的），相當平等地分配
產品，完全是不言而喻的」（恩格斯《反杜林論》，收入《馬克思恩格斯全集》
第 20 卷，第 161 頁）。但對於這一點，後來的研究卻表明，分配的不平等也
可能源於血緣等親的貴賤。因此我們認為，嚴格說來，階級應該是隨著私有
制的形成而產生的，它就必然以勞動生產率提高之後個人游離於公社為前
提。

級」中的「統治階級」，其形成必然要以「私有制」的產生和發展爲前提。也就是說，只有到了「公社」崩壞之後，即「私有制」成爲整個社會的基礎之後，「統治階級」乃至「被統治階級」才最終形成。在關於階級、國家起源第二種模式的論述中，恩格斯就在分析「奴隸制」起源的問題上明確地指出：「在舊的土地公有制已經崩潰或者至少是舊的土地共同耕作制已經讓位給各個家族的小塊土地耕種制的那些地方，上述情形尤爲常見。」可見，恩格斯認爲「奴隸制」這種階級關係的形成是在「公社」制度崩壞基礎之上，即在私有制已經發展到相當程度的基礎之上的。

過去，學者們經常把階級與國家的產生看作是同一件事情的兩個方面，把所有具有「等級」差別的地方以及所有的社會管理職能都看作是一個「階級」對另一個「階級」的支配與統治，而認爲在國家職能產生的時候，「階級社會」也就產生了，我們認爲這是相當輕率的看法！具有社會管理職能的國家雛形──早期國家，完全可以先於「階級」的形成而產生。而「階級」是以「私有制」爲基礎的，它也只是到了「公社」崩壞、私有制開始成爲社會基礎的時候才真正地登上了歷史舞臺〔註42〕。

當然，以「公社」爲基礎的社會和以「私有制」爲基礎的社會也都不是純粹的「共有」和「私有」，「私有」的成分一直在「公社」中孕育和發展，只是它一直還沒有達到可以破壞「公社」存在的程度。而即使在「公社」已經崩壞之後，也不是說就沒有「共有」了，只是這時「共有」已經不占主導的地位了。即如我們不能因爲看到一點「共有」就認爲整個社會是非「私有制」的那樣，我們也不能因爲看到「私有」的萌芽就斷定整個社會已經是「階級社會」了。那麼，我們究竟應該把什麼作爲區分這兩個社會階段的「標準」呢？我們認爲，這個標準應當就是要看以「公社」爲基礎的「共有制」是否達到了全面崩壞的程度。不可否認，「公社」崩壞前後的社會由於「共有」與「私有」交錯存在等的情況會呈現出非常複雜的局面，但是只要我們著眼於

────────

〔註42〕列寧說：「所謂階級，就是這樣一些大的集團，這些集團在歷史上一定的社會生產體系中所處的地位不同，同生產資料的關係（這種關係大部分是在法律上明文規定了的）不同，在社會勞動組織中所起的作用不同，因而取得歸自己支配的那份社會財富的方式和多寡也不同。所謂階級，就是這樣一些集團，由於它們在一定社會經濟結構中所處的地位不同，其中一個集團能夠佔有另一個集團的勞動。」（《列寧選集》第4卷，北京：人民出版社，1995年，第11頁。）列寧的定義準確地反映了馬克思主義的「階級」概念，「階級」本質上應當是一個經濟概念，它不是以血緣身份的關係爲其基礎的。

公社是否還是整個社會的基礎這一點，問題還是可以明瞭的。

總之，「公社」崩壞前後確實爲兩個不同性質的時代。在以「共有」制爲基礎的社會中，雖然國家的職能已經早已出現，但是「階級」還只是隨著「私有制」的萌芽而在孕育著，整個社會還不能說是階級社會，國家也還不是階級的國家；而在「公社」崩壞以後，私有制替代了「共有」成爲整個社會的基礎之後，「階級」才逐漸成熟起來，國家也就具有了「階級」的基礎。不僅如此，從廣義上說，以「共有制」爲基礎的社會當然還包括原始社會，而原始社會與非原始社會的區別，我們認爲也正在於「國家權力的萌芽」與否。然則原始社會之後、「公社」崩壞之前的社會到底是什麼社會呢？我們認爲，這是一個以「身份」爲本位的社會。

二、「身份」本位的社會與「財產」本位的社會：對商周社會的再認識

恩格斯說：「在每個這樣的公社中，一開始就存在著一定的共同利益，維護這種利益的工作，雖然是在全社會的監督之下，卻不能不由個別成員擔當」，而「在另一些場合又形成了各個公社之間的相牴觸的利益，而這些公社集合爲更大的整體又引起新的分工，建立新的機構來保護共同利益和反對相牴觸的利益。」〔註43〕那麼，這些擔當的「個別成員」，或者參加「新的機構」的成員，究竟是些什麼樣的人呢？

我們認爲，這些人主要的就是按照血緣關係體現出來的各個「公社」的「家長」或「首領」。馬克思曾經指出：「部落體內部的共同性還可能這樣表現出來：統一體或是由部落中一個家庭的首領來代表，或是表現爲各個家長彼此間的聯繫。」〔註44〕

在私有財產出現以前，血緣關係是人與人之間各種關係的天然的潤滑劑，而血緣關係又往往與「祖先崇拜」的原始信仰緊密地聯繫在一起，因此與祖先親屬關係的遠近也就在很多情況下自然地成爲了人們區別各自「權力」與「義務」的準則。特定的公社成員之所以能夠成爲「首領」與「家長」，也往往是因爲他們擁有與祖先更爲親近的血緣關係（無論是真實的還是古人想

〔註43〕恩格斯《反杜林論》，收入《馬克思恩格斯全集》第 20 卷，第 194、195 頁。
〔註44〕《資本主義生產以前的各種形式》，《馬克思恩格斯全集》（第二版）第 30 卷，第 468 頁。

像之中的）。正是在這個意義上，我們可以說，在階級社會形成以前，整個社會雖然是以「共有」爲基礎的，但公社中的成員卻未必是平等無差別的。他們之間也往往會存在著某種不平等性，但這種不平等不是以「私有制」爲基礎的，而主要是一種血緣親屬關係的等差。也就是說，這是一個以「身份」爲本位的社會，這個「身份」就是在血緣親屬關係中的不同地位。

而在勞動生產率不斷提高，個人游離公社，繼而私有財產逐漸興起之後，原來公社成員間的血緣紐帶也就逐漸鬆弛了，之前由血緣親屬關係所引起的不平等逐漸地爲財產差別的不平等所取代。但是，在正常的情況下，這種不同性質的不平等的交替並不是驚濤駭浪似地進行的，而是一個潛移默化的演變過程。在「共有」制占主導的情況下，「私有」的因素在逐漸積累，而到了「私有」代替「共有」成爲社會基礎的時候，「共有」及血緣的觀念也不會消失得一乾二淨。但無論如何，在私有制發展起來「公社」崩壞之後，個人終於失去了血緣關係的「庇護」，而成爲一個在一定意義上獲得了「自由」的人，但是這種「自由」卻又是以人們間財產的差別和分化爲代價的。財產的差別和分化又最終導致產生了人與人間新的不平等。也就是說，「公社」崩壞之後的社會，是一個以「財產」爲本位的社會。

我們認爲，中國歷史上的春秋戰國時期正是以「財產」爲本位的社會取代以「身份」爲本位的社會的變革階段，殷商西周社會正處於這個重要變革的前夜，但仍然是以「身份」爲本位的社會。

中國歷史上的「公社」全面崩壞於春秋戰國時期，這已爲大多數學者所首肯。雖然大家對於諸如公社的解體形式、「井田」以及各國「變法」的作用等重要問題還存在著很大的爭議，但是大家基本上都能達成這樣一個共識，那就是：勞動生產率在春秋戰國間取得了普遍的提高，個體的作用明顯增強，私有制發展迅速，這些都最終導致了公社形態的全面解體。在公社崩壞、血緣關係逐漸淡化的社會變動中，人員的流動逐漸頻繁起來，《小雅・黃鳥》中說：「此邦之人，不我肯穀。言旋言歸，復我邦族。」「此邦之人，不可與明。言旋言歸，復我諸兄。」「此邦之人，不可與處。言旋言歸，復我諸父。」《管子・問篇》則曰：「問國之棄人何族之子弟也？問鄉之良家其所收養者幾何人矣。」《黃鳥》屬春秋時期的作品，《問篇》反映了戰國時期的情況，這些都說明春秋戰國時期公社成員脫離公社而移動已經成爲一股時代潮流。在這個過程中，人們的財產差別也逐漸顯現出來，《問篇》曰：「問邑之貧人債而食

者幾何家？」「問鄉之貧人，何族之別也？問宗子之牧昆弟者，以貧從昆弟者幾何家？」《呂氏春秋・為欲》則有「無立錐之地，至貧也」的說法，貧富不均顯已成為了當時一個不小的社會問題。猶可注意者，在私有「財產」興起之後，「身份」本位的社會也已經岌岌可危了，此正如學者所指出的，「春秋以前富與貴是緊密相關的，貴是富的前提。從春秋中後期開始，除了因貴而富之外，還出現了貴與富的分流，貴者一般是富者，但未必都富；富者一般是貴者，但也有富而不貴者。到了戰國，貴、富分流進一步發展，《商君書・畫策》載：『無爵而尊，無祿而富，無官而長，此之謂奸民』。儘管作者認為無貴而富者屬於『奸民』，應該加以裁抑，但說明了無尊爵而富者的存在。《管子・立政》說：『毋其爵，不敢服其服；雖有富家多資，毋其祿，不敢用其財』。《法禁》說：『守委間居，博分以致眾，勤身逐行，說人以貨財，濟人以買譽，其身甚靜，而使人求者，聖王之禁也』。這兩段記載從禁的方面說明了有無爵而富者。荀子作過一個假設，說明富與貴的分離：『今有人於此，屑然藏千溢（鎰）之寶，雖行貣（討飯）而食，人謂之富矣。』《韓非子・五蠹》：『無爵而顯榮』，也說明了貴富的分途。」〔註45〕

　　春秋戰國間的劇烈變革當然不是一蹴而就的，它是經過殷商西周兩代甚至更長時期的「量變」才造成的。但是我們認為，殷商西周社會的發展特點不是一些學者所認為的那樣，是階級關係披著氏族血緣的外衣，而應該是氏族血緣的關係逐漸蒙上了階級的色彩！

　　縱觀二十世紀以來有關商周公社問題的研究，大多數學者都是承認殷商西周社會是以公社為其基礎的，但是大家卻都一直在爭論殷商西周社會到底是奴隸社會還是封建社會？認為奴隸社會的人，其中的大多數則又認為商或者西周是奴隸制的「低級階段」或者是「東方型」的奴隸社會，而認為封建社會的人，其中的多數人又認為商或西周是不同於「地主封建制」的「領主封建制」。可以說，自古史分期的討論展開以來，這樣的爭論就從未間斷過，但是卻誰都說服不了誰。那麼，問題究竟出在哪裏呢？

　　我們認為，這都是因為「五種生產方式」理論的束縛所引起的，或者進一步也可以說，這都是因為大家在以經濟原因引起的不平等去研究主要是由於血緣等親（身份）引起的不平等所造成的。其實當今有些學者在研究了殷

〔註45〕劉澤華《從春秋戰國封建主形成看政治的決定作用》，《歷史研究》，1986年第6期，第111頁。

商、西周兩代的社會結構後，已經得出了以下的結論，如：「商代晚期商人宗族成員間已存在較嚴格的等級制度，使家族成員的社會地位形成了一種階梯狀態，這種狀態不僅體現在家族成員間的經濟、政治關係上，而且體現在諸如禮器使用制度、墓葬制度上的種種凝固化的規定上」，「商人宗族內部等級結構的基礎是宗族內部的親屬關係與親屬制度，在一個宗族內，處於最高等級的，是整個宗族的父家長，即宗族長。在宗族內所包含的若干分族中，處於最高等級的則是分族的父家長，即分族長。各級族長間的等級差別是與家族親屬結構的層次與隸屬關係相吻合的。各級家族內家族成員階梯狀的等級差別，則緣於各成員與各級族長關係的親疏。」〔註46〕「中國古代在國家產生前後的很長一段歷史時期內，由於種種原因，血緣共同體並沒有走向消亡，而是在蛻變中轉化為等級森嚴的宗法制度。……在這樣的社會結構中，家庭之間不是私有經濟的關係，個人之間更不是私有者的關係，而全都是在宗法制框架下的親屬等級關係」，「在大汶口文化遺址的中、晚期墓葬的區組間，已有明顯的貧富差別。一般論著中，都以此來論證中國古代私有制的開端。其實直到西周都還不存在私有制，何況新石器晚期。我們認為，它不是私有經濟在運作之後所產生的貧富分化，而應是在宗法等級萌芽狀態下，其宗族、家族在氏族共同體中貴賤地位的差異，所導致的財產分配後的貧富距離。夏、商、西周三代社會的發展邏輯是：酋長或君王作為社會財富的最高所有者，並伴隨著征服戰爭的勝利，開始以分封的形式分配財富，形成等級領有的經濟運作格局。由此產生的貧富分化，並非私有制經濟所致，實乃統治權力在經濟領域中強制操作的結果。」〔註47〕再如：「商周時期去古未遠，原始氏族的遺存比較多，這個時期的奴隸和奴隸主之間的階級鬥爭還沒有什麼重大影響，換句話說，就是商周時代的社會歷史進程並不是以階級鬥爭為軸心而前進的，階級鬥爭還算不得貫穿商周時代歷史發展的一條『紅線』。」〔註48〕可是儘管如此，他們仍然認為「家族內部貴族與平民……所表現出來的等級差別實已構成階級身份的差別，只是這種差別採取了家族內部等級關係的形式，表面上籠罩著親族關係的外衣」〔註49〕，總之，殷

〔註46〕 朱鳳瀚《商周家族形態研究》（增訂版），第 133 頁。
〔註47〕 楊師群《西周社會財產私有制問題的考察》，《學術月刊》1997 年第 5 期，第 88、90 頁。
〔註48〕 晁福林《先秦社會形態研究》，第 65 頁。
〔註49〕 同註 46。

商、西周社會已經是階級社會了。

　　然而，我們是否可以換個角度來思考問題呢？能否不要以「私有制」產生之後，即以「階級」的觀念來「逆向」地考察和理解商周社會，而是按照歷史發展的順序，即從血緣關係（身份）在社會中仍然起著重要作用的角度來研究和理解殷商和西周的社會呢？我們不能否認，也不該否認西周甚至商代社會就已經有了私有制及階級的萌芽與發展〔註50〕，但是這些都是以「身份」為本位的社會在衰弱過程中所應有的現象，而不是說當時的社會已經是以「私有制」為基礎的階級社會了。階級社會，即以「財產」為本位的社會，只有到了「公社」全面崩壞之後，即春秋戰國以後，才「脫胎而出」，但它的健全與成熟仍然將是一個長期的歷史過程。殷商西周社會的特點既不同於西方的奴隸制或封建制，也不可與戰國以後的社會形態相提並論，這正是因為殷商西周社會乃是建立在公社基礎之上的，血緣親屬關係的作用仍然舉足輕重。當時的社會，總體上應該仍是一個以「身份」為本位的社會，也即馬克思所說的，是以「以共有制為基礎的社會」。也許這樣來思考和認識殷商西周的社會，許多問題也就「斯聚得其正矣」！

〔註50〕趙世超《周代國野制度研究》，第95～112頁。

主要參考文獻

（按照在書中出現的先後順序排列）

1. 趙儷生，《亞細亞生產方式理論是先秦史研究的推動力》，《學術月刊》，1982 年第 8 期。

2. 鍾離蒙，楊鳳麟主編，《中國現代哲學史資料彙編，第 2 集第 4 冊，中國社會史論戰，上》，瀋陽：遼寧大學出版社，1982 年。

3. 武尚清譯，〔日〕西嶋定生著，《中國古代帝國的形成與結構——二十等爵制研究》，北京：中華書局，2004 年。

4. 郭沫若，《關於中國古史研究中的兩個問題》，《歷史研究》，1956 年第 6 期。

5. 羅榮渠，《論一元多線歷史發展觀》，《歷史研究》，1989 年第 1 期。

6. 胡鍾達，《試論亞細亞生產方式兼評五種生產方式說》，《中國史研究》，1981 年第 3 期。

7. 胡鍾達，《再評五種生產方式說》，《歷史研究》，1986 年第 1 期。

8. 于嘉雲譯，大塚久雄著，《共同體的基礎理論》，臺北：聯經出版事業公司，1999 年。

9. 馬克垚，《西歐封建經濟形態研究》，北京：人民出版社，2001 年 12 月第 2 版。

10. 《馬克思恩格斯全集》第 9 卷，北京：人民出版社，1961 年。

11. 佐藤正人『「ザスーリチの手紙への回答」およびそれの「下書き」考』，〔日本〕北海道大学『経済学研究』22（4），1973 年 1 月。

12. 《馬克思恩格斯全集》第 18 卷，北京：人民出版社，1964 年。

13. 《馬克思恩格斯全集》第 32 卷，北京：人民出版社，1975 年。

14. 《馬克思恩格斯全集》第 45 卷，北京：人民出版社，1985 年。

15. 林耀華，莊孔韶，《父系家族公社形態研究》，青海：青海人民出版社，1984 年。

16. 《馬克思恩格斯選集》第四卷（第二版），北京：人民出版社，1995 年 6 月。

17. 馬克思，恩格斯，《共產黨宣言》，北京：人民出版社，1997 年 8 月第 3 版。

18. 《馬克思恩格斯全集》第 3 卷，北京：人民出版社，1960 年。

19. 郝鎮華編，《外國學者論亞細亞生產方式》，北京：中國社會科學出版社，1981 年。

20. 《馬克思恩格斯全集》第 8 卷，北京：人民出版社。

21. 《馬克思恩格斯全集》第 28 卷，北京：人民出版社，1973 年。

22. 《馬克思恩格斯全集》第 46 卷（上），北京：人民出版社，1979 年。

23. 《馬克思恩格斯全集》第 13 卷，北京：人民出版社，1962 年。

24. 《馬克思恩格斯全集》（第二版）第 30 卷，北京：人民出版社，1995 年。

25. 《馬克思恩格斯全集》第 23 卷，北京：人民出版社，1972 年。

26. 徐式谷等譯，卡爾·A·魏特夫著，《東方專制主義》，北京：中國社會科學出版社，1989 年 9 月。

27. 《馬克思恩格斯生平事業年表》，北京：人民出版社，1976 年。

28. 小松善雄，『晚年期のマルクスの移行過程論』，〔日本〕『立教経済学研究』，2008 年第 61 卷第 4 号。

29. 《馬克思恩格斯全集》（第二版）第 25 卷，北京：人民出版社，2001 年。

30. 《馬克思古代社會史筆記》，北京：人民出版社，1996 年 8 月第 1 版。

31. 韋建樺主編，《馬克思恩格斯文集》，第 3 卷，北京：人民出版社，2009 年。

32. 《馬克思恩格斯全集》第 20 卷，北京：人民出版社，1971 年。

33. 馮利等譯，〔英〕莫里斯·布洛克著，《馬克思主義與人類學》，北京：華夏出版社，1988 年。

34. 童恩正，《摩爾根模式與中國的原始社會史研究》，《中國社會科學》，1988 年第 3 期。

35. 蔡俊生譯，Ю·И·謝苗諾夫著，《婚姻和家庭的起源》，北京：中國社會科學出版社，1983 年。

36. Л·A·法因貝爾格，《氏族、公社與家庭》，《民族譯叢》，1982 年第 3 期。

37. 孫厚生，《前資本主義生產的原型與基質——公社所有制研究》（未刊行），東北師範大學博士學位論文，2000 年 4 月。

38. 蔡俊生,《公社、氏族、家庭——三個相遞出現的歷史範疇》,《學術月刊》,1984 年。

39. 黃超,《論血緣因素在人類不平等制度起源和演變過程中的作用》,《河南大學學報（社會科學版）》,1996 年第 1 期。

40. 趙衛邦,《「家庭公社」這一術語在經典著作中的含義——並論幾個有關術語的翻譯》,《四川大學學報（哲學社會科學版）》,1978 年第 1 期。

41. 林耀華,莊孔韶,《關於原始時代家族公社問題》,《中央民族大學學報（哲學社會科學版）》,1983 年第 1 期。

42. 張錫彤譯,柯斯文著《原始文化》,北京：生活・讀書・新知三聯書店,1955 年 9 月。

43. 宋蜀華,滿都爾圖,《中國民族學五十年》,北京：人民出版社,2004 年。

44. 娜西卡,《試論家庭公社的兩種類型》,《思想戰線》,1986 年第 5 期。

45. 金雁,卞悟,《農村公社、改革與革命——村社傳統與俄國現代化之路》,北京：中央編譯出版社,1996 年。

46. 徐國棟,《家庭、國家和方法論——現代學者對摩爾根〈古代社會〉和恩格斯〈家庭、私有制和國家的起源〉之批評百年綜述》,《中外法學》,2002 年第 2 期。

47. 臧振,《白家甲的家族公社》,《陝西師範大學學報（哲學社會科學版）》,1987 年第 3 期。

48. 張廣達,何許譯校,《答維拉・查蘇里奇的信和草稿》,收入《史學譯叢》,北京：科學出版社,1955 年第 3 期。

49.《馬克思恩格斯全集》第 33 卷,北京：人民出版社,1973 年。

50. 朱寰《略論日耳曼人的農村公社制度》,《史學月刊》,1991 年第 1 期。

51. Friedrich Engels, *Der Ursprung der Familie, des Privateigentums und des Staats*, Peking :Verlag für Fremdsprachige Literatur,1977.

55. 李膺揚譯,恩格爾著,《家族私有財產及國家之起源》,上海：新生命書局,中華民國二十年三版。

53. 張仲實譯,恩格斯著,《家庭、私有制和國家的起源》,北京：人民出版社,1954 年。

54.《馬克思恩格斯全集》第 21 卷,北京：人民出版社,1965 年。

55.《馬克思恩格斯選集》第四卷,北京：人民出版社,1972 年。

56. 恩格斯,《家庭、私有制和國家的起源》,北京：人民出版社,1972 年。

57. 張仲實譯,恩格斯著,《家族私有財產及國家之起源》,上海：生活書店,中華民國三十五年。

58. Маркс К., Энгельс Ф. Избранные произведения. В 2-х т. Т. 2. - М.:

Государственное издательстово политической литературы , 1949.

59. Маркс К., Энгельс Ф. Избранные произведения. В 3-х т. Т. 3. - М.: Политиздат, 1986.

60. 《馬克思恩格斯文選》，莫斯科：外國文書籍出版局，1955 年。

61. Frederick Engls（Edited by Eleanor Burke Leacock）, *The Origin of the Family, Private Property and the State,* New York: International Publishers Co., Inc., 1972.

62. Frederick Engls, *The Origin of the Family, Private Property and the State*, NSW: Resistance Books, 2008.

63. 村井康男（他）訳，エンゲルス著,『家族・私有財産および国家の起源』，東京：大月書店，1958 年。

64. 戸原四郎訳，エンゲルス著,『家族・私有財産・国家の起源』，東京：岩波文庫，1965 年。

65. 文史哲雜誌編輯委員會編,《中國古史分期問題論叢》，北京：中華書局，1957 年。

66. 斯維至,《釋宗族——關於父家長家庭公社及土地私有制的產生》,《思想戰線》,1978 第 1 期。

67. 錢宗範,《西周春秋時代的家庭公社》,《廣西師範學院學報》（哲學社會科學版）,1978 年第 4 期。

68. 趙世超,《西周的公社是農村公社，還是家長制家庭公社？——學習馬克思、恩格斯關於公社問題若干論述的體會》,《河南師大學報》（社會科學版）,1982 年第 1 期。

69. 轟玉海,《論家長制家庭》,《河北大學學報》,1980 第 1 期。

70. 祝瑞開,《淺說我國的家長制家庭》,《上海大學學報》（社會科學版）,1984 年第 1 期。

71. 《馬克思恩格斯選集》第 1 卷，北京：人民出版社，1972 年。

72. 《資本論》第 1 卷，北京：人民出版社，1975 年。

73. Suzanne Dixon, *The Roman Family,* Baltimore: The Johns Hopkins University Press, 1992.

74. 《德漢詞典》，上海：上海譯文出版社，1983 年。

75. 《馬克思恩格斯選集》第三卷（第二版），北京：人民出版社，1995 年。

76. 馬俊峰，王志譯，（美）肯尼斯・梅吉爾著,《馬克思哲學中的共同體》,《馬克思主義與現實》,2011 年第 1 期。

77. *Karl Marx Friedrich Engels Gesamtausgabe*（MEGA）, Erste Abteilung, Band 25, Berlin：Dietz verlag, 1985.

78. *Karl Marx Friedrich Engels Werke*, Band 19, Berlin：Dietz verlag, 1962.

79. 『マルクス・エンゲルス全集』第 19 卷，東京：大月書店，1968 年。

80. 《馬克思恩格斯全集》第 19 卷，北京：人民出版社，1965 年。

81. Shizuma HINADA, *On the Meaning in Our Time of the Drafts of Marx's Letter to Vera Zasulich（1881）With Textual Criticism*,（日本）北海道大學『スラブ研究』20，1975 年。

82. *Marx-Engels Archiv,* herausgegeben von D. Rjazanov, Bd.1, Frankfurt am Main : Sauer & Auvermann, 1926.

83. 李毅夫，金地譯，〔俄〕馬・科瓦列夫斯基著，《公社土地佔有制、其解體的原因、進程和結果》，北京：中國社會科學出版社。

84. Sir Henry Sumner Maine, *Village Communities in the East and West,* Evanston: Adams Press, 2007。

85. 曹維安，《俄國史新論》，北京：中國社會科學出版社，2002 年。

86. 《馬克思恩格斯與俄國政治活動家通信集》，北京：人民出版社，1987 年。

87. 曹維安，《俄國農村公社的土地重分制度》，《陝西師範大學學報（哲學社會科學版）》，1987 年第 3 期。

88. 羅愛林，《俄國封建晚期農村公社研究》，桂林：廣西師範大學出版社，2007 年。

89. 朱本源，《論殷代生產資料的所有制形式》，《歷史研究》，1956 年第 6 期。

90. 李埏，《試論中國古代農村公社的延續和解體》，《思想戰線》，1979 年第 3 期。

91. 金景芳，《論井田制度》，濟南：齊魯書社，1982 年。

92. 俞偉超，《中國古代公社組織的考察──論先秦兩漢的單－僤－彈》，北京：文物出版社，1988 年。

93. 唐嘉弘主編，《先秦史論集》，鄭州：中州古籍出版社，1989 年。

94. 謝維揚，《周代家庭形態》，北京：中國社會科學出版社，1990 年。

95. 李朝遠，《西周土地關係論》，上海：上海人民出版社，1997 年。

96. 袁林，《兩周土地制度新論》，長春：東北師範大學出版社，2000 年。

97. 馬曜，繆鸞和，《西雙版納份地制與西周井田制比較研究》，昆明：雲南人民出版社，2001 年。

98. 江林昌，《中國上古文明考論》，上海：上海教育出版社，2005 年。

99. 王旭章，《馬克思給查蘇利奇覆信草稿的思路》，《南京大學學報（哲學・人文・社會科學）》，1994 年第 3 期。

100. 『マルクス・エンゲルス全集』第 21 卷，東京：改造社，1931 年。

101. 《馬克思恩格斯全集》第 22 卷，北京：人民出版社，1965 年。

102. 《馬克思恩格斯全集》第 39 卷，北京：人民出版社，1974 年。

103. 中央檔案館編，《中共中央文件選集，第三冊，一九二七》，北京：中共中央黨校出版社，1989 年。

104. 中央檔案館編，《中共中央文件選集，第三冊，一九二八》，北京：中共中央黨校出版社，1989 年。

105. 張昭軍，孫燕京主編《中國近代文化史》，北京：中華書局，2012 年。

106. 郭沫若，《沫若近著》，北京：北新書局，1937 年。

107. 王亞南，《中國社會經濟史綱》，上海：生活書店，1936 年。

108. 《中國社會史的論戰》第二輯，《讀書雜誌》1932 年第二卷第二三期合刊。

109. 何幹之《中國社會史問題論戰》，上海：生活書店，1937 年。

110. 侯外廬《中國古代社會史》，上海：新知書店，1948 年。

111. 中央編譯局馬恩室編，《——紀念馬克思逝世一百週年——，馬克思恩格斯著作在中國的傳播》，北京：人民出版社，1983 年。

112. 汪永祥等編，《〈家庭、私有制和國家的起源〉講解》，北京：北京出版社，1986 年。

113. 王俊義主編《炎黃文化研究，第五輯》，鄭州：大象出版社，2007 年。

114. 郭沫若，《中國古代社會研究》，上海：上海聯合書店，1930 年。

115. 郭沫若，《由詩劇說到奴隸制度》，《詩創作》，1942 年第 8 期。

116. 呂振羽，《中國社會史綱，第 1 卷，原始社會史》，上海：耕耘出版社，1947 年。

117. 呂振羽，《殷周時代的中國社會》，南京：南京文心印刷社，1936 年。

118. 呂振羽《中國社會史諸問題》，上海：耕耘出版社，1950 年。

119. 呂振羽，《中國社會史綱，第 2 卷，奴隸社會及初期封建社會》，上海：耕耘出版社，1947 年。

120. 翦伯贊，《中國史綱，第一卷：史前史，殷周史》，重慶：大呼出版公司，1946 年。

121. 桂遵義著，《馬克思主義史學在中國》，濟南：山東人民出版社，1992 年。

122. 吳澤，《中國歷史簡編》，上海：峨眉出版社，中華民國三十六年九月五版。

123. 吳澤，《殷代貢納制考辨——殷史新考之一》，《歷史社會季刊》，1947 年第 2 期。

124. 鄧初民，《中國社會史教程》，香港文化供應社，1946 年。

125. 侯外廬，《中國古代社會史論》，北京：人民出版社，1955 年。

126. 熊德山，《中國社會史研究》，上海：崑崙書店，中華民國十八年。

127. 熊德山，《中國社會史論》，上海：上海書店出版社，2010 年。

128. 《何幹之文集》第一卷，北京：北京出版社，1994 年。

129. 郭湛波，《近五十年中國思想史》，上海：上海古籍出版社，2005 年。

130. 顧頡剛，《當代中國史學》，瀋陽：遼寧教育出版社，1998 年。

131. 陶希聖，《中國社會之史的分析》，瀋陽：遼寧教育出版社，1998 年。

132. 《中國社會史的論戰》第三輯，《讀書雜誌》1932 年第二卷第七八期合刊。

133. 陶希聖，《東周時代的農工商業與社會層》，《中山文化教育館季刊》，1935 年第 3 期。

134. 陶希聖，《中國社會史》，重慶：文風書局，1944 年。

135. 《中國社會史的論戰》第四輯，《讀書雜誌》1933 年第三卷第三四期合刊。

136. 《中國社會史的論戰》第一輯，《讀書雜誌》1931 年第一卷第四五期合刊。

137. 李季，《中國社會史論戰批判》，上海：神州國光社，民國二十五年。

138. 張宵鳴，《中國歷代耕地問題》，上海：新生命書局，1932 年。

139. 童書業，《論「亞細亞生產方式」》，《文史哲》，1951 年第 4 期。

140. 日知，《與童書業先生論亞細亞生產方法問題》，《文史哲》，1952 年第 3 期。

141. 田昌五，《馬克思恩格斯論亞洲古代社會問題》，中國科學院歷史研究所《歷史論叢》第 1 號，北京：中華書局，1964 年。

142. 王亞南，《由領主經濟與地主經濟引論到中國社會發展史上的諸問題》（下），《文史哲》，1954 年第 7 期。

143. 吳大琨，《與范文瀾同志論劃分中國奴隸社會與封建社會的標準問題》，《歷史研究》，1954 年第 6 期。

144. 吳澤，《亞細亞生產方式問題研究》，《華東師範大學學報》，1955 年第 1 期。

145. 吳澤，《古代東方社會的基本特點問題》，《華東師範大學學報》，1956 年第 4 期．

146. 束世澂，《關於西周封建制形成的若干問題》，《華東師範大學學報》，1955 年第 1 期。

147. 束世澂，《有關古史分期的一些理論問題》，《學術月刊》，1960 年第 9 期。

148. 吳大琨，《論前資本主義社會地租的三種基本形態》，《文史哲》，1953 年第 1 期。

149. 楊向奎，《中國歷史分期問題》，《文史哲》，1953 年第 1 期。

150. 劉毓璜，《試論農村公社的過渡性質與中國農村公社的發展》，《南開大學學報》，1956 年第 4 期。

151. 馬克垚，《學習馬克思恩格斯論東方古代社會的幾點體會》，《北京大學學報》（哲學社會科學版），1978 年第 2 期。

152. 雷海宗，《世界史分期與上古中古史中的一些問題》，《歷史教學》，1957年第 7 期。

153. 丁山，《甲骨文所見氏族及其制度》，北京：中華書局，1988 年 4 月新 1版。

154. 于省吾，《從甲骨文看商代社會性質》，《東北人民大學學報（人文科學版）》，1957 年第 2、3 期合刊。

155. 趙錫元，《試論殷代的主要生產者「眾」和「眾人」的社會身份》，《東北人民大學人文科學學報》，1956 年第 4 期。

156. 尚鉞，《先秦生產形態之探討》，《歷史研究》，1956 年第 7 期。

157. 童書業，《中國封建制的開端及其特徵》，《文史哲》，1951 年第 2 期。

158. 童書業，《中國古史分期問題的討論》，《文史哲》，1955 年第 1 期。

159. 童書業，《與蘇聯專家烏·安·約瑟夫維奇商榷中國古史分期等問題》，《文史哲》，1957 年第 3 期。

160. 童書業，《略論古史分期討論中理論結合史料問題》，《文史哲》，1957 年第 5 期。

161. 李亞農，《中國的封建領主制和地主制》，收入《李亞農史論集》（下），上海：上海人民出版社，1962 年。

162. 楊械，《論殷末周初的社會性質——關於我國早期奴隸制的探討》，《新建設》，1955 年第 10 期。

163. 歷史研究編輯部編，《中國的奴隸制與封建制分期問題論文選集》，北京：生活·讀書·新知三聯書店，1956 年。

164. 吳大琨，《中國的奴隸制經濟與封建制經濟論綱》，北京：生活·讀書·新知三聯書店，1963 年。

165. 「歷史研究」編輯部編《中國古代史分期問題討論集》，北京：生活·讀書·新知三聯書店，1957 年。

166. 《徐中舒歷史論文選輯》（下），北京：中華書局，1998 年。

167. 李埏，《不自小齋文存》，昆明：雲南人民出版社，2001 年。

168. 《斯維至史學文集》，西安：陝西師範大學出版社，2009 年。

169. 吳澤，《中國歷史大系，古代史，殷代奴隸制社會史》，上海：棠棣出版社，1949 年。

170. 徐喜辰，《「籍田」即「國」中「公田」說》，《吉林師大學報（社會科學版）》，1964 年第 2 期。

171. 徐喜辰，《關於中國國家形成問題》，《吉林師大學報》，1960 年第 2 期。

172. 孫海波,《從卜辭試論商代社會性質》,《開封師院學報》,1956 年第 1 期。

173. 王玉哲,《古史集林》,北京:中華書局,2002 年。

174. 王玉哲,《有關西周社會性質的幾個問題》,《歷史研究》,1957 年第 5 期。

175. 王玉哲,《試論殷代的奴隸制度和國家的形成》,《歷史教學》,1958 年第 9 期。

176. 楊向奎,《中國古代社會與古代思想研究上冊》,上海:上海人民出版社,1962 年。

177. 束世澂,《有關古史分期一些理論問題——與楊寬同志商榷》,《學術月刊》,1960 年第 9 期。

178. 《李亞農史論集》(上),上海:上海人民出版社,1962 年。

179. 楊械,《關於西周社會性質的商榷》,《文史哲》,1955 年第 9 期。

180. 日知,《與童書業先生論亞細亞生產方式問題》,《文史哲》,1952 年第 3 期。

181. 吳大琨,《論地租與中國歷史分期及封建社會的長期阻滯性問題》,《文史哲》,1953 年第 2 期。

182. 何茲全,《周代土地制度和它的演變》,《歷史研究》,1964 年第 3 期。

183. 徐喜辰,《試論西周時期的「國」「野」區別》,《吉林師大學報》,1978 年第 2 期。

184. 徐喜辰,《論井田制度的崩壞——中國古代公社的解體——》,《東北師範大學科學集刊,教育》,1957 年第 3 期。

185. 田昌五,《古代社會形態研究》,天津:天津人民出版社,1980 年。

186. 楊寬,《古史新探》,北京:中華書局,1965 年。

187. 楊寬,《戰國史》,上海:上海人民出版社,1955 年。

188. 林甘泉,《中國封建土地所有制的形成》,《歷史研究》,1963 年第 1 期。

189. 楊向奎,《讀〈馬克思、恩格斯論中國〉,兼論中國封建社會的歷史分期問題》,《文史哲》,1953 年第 2 期。

190. 楊向奎,《從周禮推論中國古代社會發展的不平衡性》,《文史哲》,1951 年第 3 期。

191. 楊向奎,《解決中國古史分期問題,要先研究具體問題》,《文史哲》,1957 年第 5 期。

192. 童書業,《關於古代社會性質的問題》,《文史哲》,1952 年第 9 期。

193. 童書業,《從古代巴比倫社會形態認識古代「東方社會」的特性》,《文史哲》,1953 年第 1 期。

194. 童書業,《「山大」古史分期問題討論會發言稿》,《文史哲》,1957 年第 3 期。

195. 束世澂,《論中國封建社會土地制度的發展》,《新建設》,1958 年第 3 期。

196. 束世澂,《土地制度原理述略》,《學術月刊》,1961 年第 6 期。

197. 王玉哲編著,《中國上古史綱》,上海:上海人民出版社,1959 年。

198. 王玉哲,《西周春秋時的「民」的身份問題——兼論西周春秋時的社會性質》,《南開大學學報（哲學社會科學版）》,1978 年第 6 期。

199. 孫作雲,《詩經與周代社會研究》,北京:中華書局,1966 年。

200. 王仲犖,《關於中國奴隸社會的瓦解及封建關係的形成問題》,武漢:湖北人民出版社,1957 年。

201. 韓連琪,《春秋戰國時代的農村公社》,《歷史研究》,1960 年第 4 期。

202. 童書業,《略論戰國秦漢社會的性質》,《新建設》,1957 年第 8 期。

203. 范義田,《范義田文集》,昆明:雲南民族出版社,2006 年。

204. 楊向奎,《關於中國封建社會土地制度問題》,《歷史研究》,1961 年第 3 期。

205. 斯維至,《論庶人》,《社會科學戰線》,1978 年第 2 期。

206. 龐卓恒等,《「亞細亞生產方式」學術討論會紀要》,《中國史研究》,1981 年第 3 期。

207. 田昌五,《評近年來亞細亞生產方式問題的討論》,《人文雜誌》,1981 年第 6 期。

208. 龐卓恒,《唯物史觀與歷史科學》,北京:高等教育出版社,1999 年。

209. 林甘泉,《亞細亞生產方式與中國古代社會——兼評翁貝托·梅洛蒂〈馬克思與第三世界〉對中國歷史的歪曲》,《中國史研究》,1981 年第 3 期。

210. 宋敏,《論亞細亞生產方式的本義》,《社會科學輯刊》,1989 年第 6 期。

211. 龐卓恒、高仲君,《有關亞細亞生產方式幾個問題的商榷》,《中國史研究》,1981 年第 3 期。

212. 于可、王敦書,《試論亞細亞生產方式》,《吉林大學學報》（哲學社會科學版）,1979 年第 4 期。

213. 項觀奇,《論馬克思心目中的亞細亞生產方式》,《文史哲》,1986 年第 1 期。

214. 蘇鳳捷,《關於社會形態問題的質疑和探索》,《中國史研究》,1981 年第 3 期。

215. 吳大琨,《關於亞細亞生產方式研究的幾個問題》,《學術研究》,1980 年第 1 期。

216. 胡德平,《馬克思對亞細亞生產方式的提出、研究和結論》,《社會科學》,1980 年第 5 期。

217. 胡鍾達,《試論亞細生產方式兼評五種生產方式說》,《內蒙古大學學報》

（哲學社會科學版），1982 年第 2 期。

218. 張雅琴、白津夫，《亞細亞生產方式問題的癥結在哪裏？》，《世界歷史》，1981 年第 4 期。

219. 朱本源，《馬克思的社會形態更替理論是科學假説》，《歷史研究》，1989 年第 1 期。

220.《社會形態與歷史規律再認識筆談·中國歷史發展體系的新構想》，《歷史研究》，2000 年第 2 期。

221. 晁福林，《夏商西周的社會變遷》，北京：北京師範大學出版社，1996 年。

222. 嚴文明，《黃河流域文明的發現與發展》，《華夏考古》，1997 年第 1 期。

223. 曹大爲，《關於新編〈中國大通史〉的幾點理論思考》，《史學理論研究》，1998 年第 3 期。

224. 馬祖毅等著，《中國翻譯通史，現當代部分，第一卷》，武漢：湖北教育出版社，2006 年。

225. 魯路《MEGA^1 及 MEGA^2 版編輯出版情況》，收入復旦大學國外馬克思主義與當代思潮國家創新基地等編《國外馬克思主義研究報告 2007》，北京：人民出版社，2007 年。

226. 徐喜辰，《「眾」「庶人」並非奴隸論補證——兼説商周農民多於奴隸亦爲奴隸社會問題》，《東北師大學報（哲學社會科學版）》，1984 年第 2 期。

227. 徐喜辰，《商代公社及其相關諸問題》，《松遼學刊》，1983 年第 1、2 期。

228. 趙世超，《殷周農業勞動組合演變略述》，《農業考古》，1985 年第 2 期。

229. 裘錫圭，《關於商代的宗族組織與貴族和平民兩個階級的初步研究》，中華書局編輯部編《文史》，1983 年第 17 輯。

230. 林甘泉，《古代中國社會發展的模式》，《中國史研究》，1986 年第 4 期。

231. 韓連琪，《先秦兩漢史論叢》，濟南：齊魯書社，1986 年。

232. 楊錫璋，《商代的墓地制度》，《考古》，1983 年第 10 期。

233. 唐嘉弘，《先秦史新探》，開封：河南大學出版社，1988 年。

234. 唐嘉弘主編，《先秦簡史》，福州：福建人民出版社，1995 年。

235. 金景芳，《金景芳古史論集》，長春：吉林大學出版社，1991 年。

236. 金景芳，《中國奴隸社會史》，上海：上海人民出版社，1983 年。

237. 趙光賢，《周代社會辨析》，北京：人民出版社，1980 年。

238. 張廣志，《奴隸社會並非人類歷史發展必經階段研究》，西寧：青海人民出版社，1988 年。

239. 晁福林，《先秦社會形態研究》，北京：北京師範大學出版社，2003 年。

240. 斯維至，《允晨叢刊 67，中國古代社會文化論稿》，臺北：允晨文化，1997

年。

241. 朱鳳瀚，《商周家族形態研究》（增訂版），天津：天津古籍出版社，2004年。

242. 何茲全，《中國古代社會》，北京：北京師範大學出版社，2001年。

243. 郭豫才，《試論西周的公社問題》，《河南大學學報（社會科學版）》，1983年第1期。

244. 文物出版社編輯部編，《文物與考古論集》，北京：文物出版社，1986年。

245. 林甘泉，《從出土文物看春秋戰國間的社會變革》，《文物》，1981年第5期。

246. 李桃，《柯昌基遺著〈中國古代農村公社史〉評價》，《四川師範學院學報（哲學社會科學版）》，1989年第5期。

247. 柯昌基，《中國古代農村公社史》，鄭州：中州古籍出版社，1989年。

248. 柯昌基，《先秦的亞細亞公社》，《甘肅社會科學》，1988年第1期。

249. 田昌五，《中國歷史體系新論》，《文史哲》，1995年第2期。

250. 趙世超，《周代家長制家庭公社簡論》，《民族論叢》，1982年12月第二輯。

251. 趙世超，《試論周代家長制家庭公社存在的原因》，《河南大學學報（社會科學版）》，1984年第4期。

252. 趙世超，《西周不存在井田制》，《人文雜誌》，1989年第5期。

253. 趙世超《周代國野制度研究》，西安：陝西人民出版社，1991年。

254. 徐喜辰，《井田制度研究》，長春：吉林人民出版社，1984年。

255. 趙光賢，《我國古代農村公社概說》，《學術月刊》，1983年第11期。

256. 趙光賢，《古史考辨》，北京師範大學出版社，1987年。

257. 張廣志，《西周史與西周文明》，上海：上海科學技術文獻出版社，2007年。

258. 沈長雲，《亞細亞生產方式在中國的產生及相關歷史問題》，《天津社會科學》，1991年第2期。

259. 沈長雲，《上古史探研》，北京：中華書局，2002年。

260. 張金光，《秦制研究》，上海：上海古籍出版社，2004年。

261. 趙世超，《春秋時期地緣關係與血緣關係的嬗替》，《未定稿》，1989年第9期。

262. 趙世超，《戰國時期家長制家庭公社的衰弱和演變》，《史學月刊》，1983年第4期。

263. 趙世超，《論戰國時期私有制的發展》，《洛陽師專學報（社會科學版）》，

1990 年第 1 期。

264. 顧德融、朱順龍，《春秋史》，上海：上海人民出版社，2001 年。

265. 楊寬，《戰國史》（增訂本），上海：上海人民出版社，1998 年。

266. 馬克思《資本論》（根據第一卷德文第一版翻譯），北京：經濟科學出版社，1987 年。

267. 和田春樹，『マルクス・エンゲルスと革命ロシア』，東京：勁草書房，1975 年。

268. 《馬克思恩格斯全集》（第二版）第 44 卷，北京：人民出版社，2001 年。

269. 馬克思，《資本論》（根據作者修訂的法文版第一卷翻譯），北京：中國社會科學出版社，1983 年。

270. 小谷汪之，『マルクスとアジア――アジア的生産樣式論争批判――』，東京：青木書店，1979 年。

271. Baden Henry Baden-Powell, *The Land Systems of British India*, Vol. II , Oxford: The Clarendon Press, 1892.

272. 呂昭義，《印度古代土地所有制的演變》，《思想戰線》，1996 年第 6 期。

273. 張廣志，李學功著，《三代社會形態――中國無奴隸社會發展階段研究》，西安：陝西師範大學出版社，2001 年。

274. 《列寧選集》第 4 卷，北京：人民出版社，1995 年。

275. 劉澤華，《從春秋戰國封建主形成看政治的決定作用》，《歷史研究》，1986 年第 6 期。

276. 楊師群，《西周社會財產私有制問題的考察》，《學術月刊》1997 年第 5 期。

277. 淡路憲治，『マルクスの後進国革命像』，東京：未來社，1971 年。

278. 平田清明，『歷史的必然と歷史的選択――――マルクス「ザスーリチあての手紙」について・文獻史と理論内容』，『展望』（154），東京：筑摩書房，1971 年 10 月。

279. 手島正毅訳、カール・マルクス著，『資本主義的生産に先行する諸形態・付錄 2　ヴェラ・ザスリーチへの手紙』，大月書店，1963 年。

附錄　對馬克思給查蘇利奇《覆信草稿》最新中譯文的增訂

第一節　《覆信》與《覆信草稿》的文獻史簡述

　　馬克思在其晚年著力研究了人類歷史上的公社問題，並且作了大量的讀書筆記。其中最重要的部分就是在 1879 年至 1881 年期間他對科瓦列夫斯基《公社土地佔有制，其解體的原因、進程和結果》與摩爾根《古代社會》兩書所作的研究性摘要。科瓦列夫斯基和摩爾根的著述以極其翔實的資料把原來只限於歐洲和亞洲範圍的公社研究一下子拓展到了南北美洲及北非等地，它們不僅以大量事實證明了公社組織在人類歷史上的普遍性，而且也為進一步探索人類歷史上的公社發展階段以及非階級社會向階級社會過渡的規律性提供了可能。

　　馬克思的這些筆記顯然是在為他下面的研究工作做準備，但是他最終沒能完成這一願望就在 1883 年與世長辭了。儘管如此，我們仍然能從他給查蘇利奇的《覆信》及《覆信草稿》中多少窺知得其今後的研究方向及新的理論觀點。馬克思給查蘇利奇的《覆信》上所署的日期是 1881 年 3 月 8 日，而他作《科瓦列夫斯基〈公社土地佔有制，其解體的原因、進程和結果〉一書摘要》是在 1879 年 10 月至 1880 年 10 月間，作《摩爾根〈古代社會〉一書摘要》則是在 1880 年末至 1881 年 3 月初。僅從這種時間的連續上我們就有理由認為：馬克思在《覆信》及《覆信草稿》中所反映的觀點在很大程度上其

實就是他在消化了這一系列新材料後所作出的。也可以這麼說，《覆信》及《覆信草稿》實際上就是馬克思自己對其今後理論探索方向的一個簡單的綜述！

然而給查蘇利奇《覆信》及《覆信草稿》的被發現及最終被發表卻經歷了非常曲折的過程。〔註1〕

《覆信草稿》最早是由前蘇聯馬克思主義文獻學專家利贊諾夫（David Borisovich Ryazanov，1870～1938）所發現的。1911 年他在整理拉法格（Paul Lafargue，1842～1911）所藏的馬克思文書時意外地發現了這四篇草稿，在第四個草稿上還署有 1881 年 3 月 8 日的日期，他因此試圖找尋馬克思寫給查蘇利奇的正式覆信。他當時詢問了和查蘇利奇關係密切的普列漢諾夫（Georgiy Valentinovich Plehanov，1856～1918）是否知道有這個覆信，但得到了否定的回答。之後他又通過第三者詢問了查蘇利奇本人，但也是否定的答覆。此後一直過了十多年後，在 1923 年夏天利贊諾夫逗留柏林期間，他從當時流亡國外的孟什維克尼科羅夫斯基那裡獲知在阿克謝利羅德（Pavel Borisovich Akselrod，1850～1928）所藏的文書中發現了這封信。翌年尼科羅夫斯基在柏林出版由阿克謝利羅德所藏文書編輯而成的《革命運動資料》第二卷裏發表了這封信，並且還加上了自己的序文。然而此時普列漢諾夫與查蘇利奇已經成為古人，阿克謝利羅德雖然健在，但卻也表示對此封信的情況一無所知。

也就是在 1924 年，利贊諾夫在其所編輯的俄文版《馬克思恩格斯文集》（*Marx-Engels Archiv*）第一卷中翻譯並且首次集中發表了《覆信》及四個《草稿》。其後在 1926 年出版的德文版《馬克思恩格斯文集》第一卷中，又首次以手稿法文原文全文發表。這樣，馬克思在 1881 年所寫的這個極其重要的覆信及四個草稿，終於在埋沒四十多年之後展現給了世人。

但是讓人費解的是，這個在俄國革命運動史上具有極為重要意義的覆信，竟然連自己曾請求馬克思解答俄國公社問題的查蘇利奇本人都忘記了！而且在其後蘇聯出版的《馬克思恩格斯全集》等資料中，對於十分具有研究價值的利贊諾夫本人的找尋記錄絲毫沒有提及（包括其中的附注）。也許這是

〔註 1〕 以下有關《覆信》及《覆信草稿》發現過程的論述參考了：*Marx-Engels Archiv*，ss.309-310；淡路憲治『マルクスの後進國革命像』，東京：未來社，1971 年，第 272～275 頁；平田清明『歷史的必然と歷史的選擇──マルクス「ザスーリチあての手紙」について・文献史と理論内容』，『展望』（154），東京：筑摩書房，1971 年 10 月，第 38～58 頁；小松善雄『晚年期のマルクスの移行過程論』，第 146～148 頁。

因爲受到利贊諾夫等人政治方面原因的牽連，但其更深沉的原因也許又正如學者所指出的那樣：在對待俄國公社問題的態度上，馬克思與列寧、斯大林之間其實是有很大分歧的，馬克思主張的是維持和繼續發展俄國農村公社，並且在此基礎上建立由公社聯合的社會主義國家；而列寧、斯大林所領導的俄國革命以及後來的社會主義建設，則是要在公社解體的基礎上走土地國有化與集體農莊的道路。然而，這已經是超出本書探討範圍之外的問題了。

馬克思在給查蘇利奇覆信時四易其稿，因此《覆信草稿》手稿中充滿了修改及刪除的痕跡，其形狀可以用「滿目瘡痍」來形容。利贊諾夫在《馬克思恩格斯文集》中編輯收入法文手稿時，曾盡量把能辨認出來的馬克思所刪去的重要字句及有關重要的修改痕跡再現了出來。我們認爲這是非常重要的事情，馬克思在《覆信草稿》中試圖要對公社發展階段及人類的歷史進程做出新的理論探討，這些修改痕跡當然就是他艱難思考過程的重要反映。而且，在一些重要問題的認識上，看不看到這些修改痕跡也很可能會影響到人們對於馬克思晚年歷史觀的理解和判斷。

然而遺憾的是，包括最新的《馬克思恩格斯全集》中文第二版、《馬克思恩格斯文集》等，都沒有把這些修改痕跡翻譯出來。《覆信草稿》是中國學者研究歷史上公社問題的最重要理論依據之一，然而近半個多世紀以來，大多數中國學者卻都沒有看到過這個被他們反覆加以稱引的《覆信草稿》的原貌，我們認爲這實在是一件不可思議的事情！

當然，與 1985 年德國柏林狄茲出版社出版的《馬克思恩格斯全集》歷史考證版（MEGA2）第 1 部分第 25 卷所附《覆信草稿》異文勘誤相比，利贊諾夫版《覆信草稿》顯然還有很多缺點與錯誤。但是，利贊諾夫版的《覆信草稿》在學術史及文獻研究方面仍具有相當的學術價值。有鑒於此，我們決定在現有中譯文的基礎上〔註2〕，根據利贊諾夫於 1926 年出版的《馬克思恩格斯文集》（*Marx-Engels Archiv*）第一卷中所收的法文原稿，並且參以日譯本〔註3〕嘗試將馬克思刪去的重要字句譯成中文。待以他日，筆者希望還

〔註2〕　「初稿」、「三稿」依據了韋建樺主編《馬克思恩格斯文集》第 3 卷中的中譯文，「二稿」、「四稿」的中譯文則依據《馬克思恩格斯全集》（第二版）第 25 卷。

〔註3〕　『マルクス・エンゲルス全集』第 21 卷，東京：改造社，1931 年；手島正毅訳、カール・マルクス著『資本主義的生產に先行する諸形態・付錄2　ヴェラ・ザスリーチへの手紙』，東京：大月書店，1963 年；『マルクス・エンゲルス全集』第 19 卷，東京：大月書店，1968 年。

能把《馬克思恩格斯全集》歷史考證版（MEGA2）第 1 部分第 25 卷所附的《覆信草稿》異文部分也翻譯成中文。

為了便於對照，我們在草稿行文順序上遵從了利贊諾夫編輯的法文稿，而四篇《覆信草稿》的次序則按照日南田靜真研究的結果，即「二稿」→「初稿」→「三稿」→「四稿」的順序加以排列。

第二節　《覆信草稿》譯文的增訂

【凡例】

〈　〉中的內容是馬克思刪去的字句；

〖　〗中的內容是馬克思重複刪去的字句；

〔　〕中的內容是利贊諾夫加入的字句；

⟨　⟩中的內容是為便於讀者理解而加入的字句；

【　】中的法文是有關重要字句的手稿原文；

加<u>下劃線</u>（雙線）的內容是指增加的非馬克思刪除的字句。

加<u>下劃線</u>（單線）的內容是指對原有中譯文字句或順序等進行改動了的地方。

【二　稿】

（1）我在《資本論》中指出，**封建生產**向**資本主義生產**〈轉變〉<u>轉換</u>是以**剝奪生產者**為出發點的，並特別指出，「**這整個發展的基礎就是對**<u>**耕種者的剝奪**</u>」（法文版第 315 頁）。接著我又說：「這種剝奪（剝奪<u>耕種者</u>）只是在英國才徹底完成了…… **西歐其他一切國家都正在經歷著同樣的運動。**」（同上）

可見，〈由寫的這幾行字〉我明確地把〈這種已有的發展〉這種「歷史必然性」限於「**西歐各國**」。為了使人們對我的思想不致發生任何疑問，我在第 341 頁說：

「私有制作為集體所有制的對立物，只存在於……**勞動的外部條件屬於**私人的地方。但是私有制的形式依這些私人是勞動者還是非勞動者而改變。」

由此可見，我所〈描述的〉<u>分析的</u>過程，是微不足道的少數人的資本主義所有制〔註4〕代替勞動者私有的、分散的所有制形式的過程（同上，第 342

〔註4〕這句話經過了反覆修改。最初的句子如下：「因此，我所敘述的過程是使私有的、分散的所有制轉化為資本主義的所有制的過程，是使一種所有制轉化為

頁），是一種所有制代替另一種所有制的過程。這怎麼〈應用到〉能應用到
土地不是而且從來不是<u>耕種者</u>的「私有財產」的俄國呢？〈無論如何，相信
俄國公社所有制【la propriété communale】解體的<u>歷史必然性</u>的人們，都決
不能以我關於西歐事態必然發展的說明來證明這種必然性。相反，他們應該
提供與我所給出的闡述完全不同的新的證據。他們能從我那裡學來的唯一的
東西就是這：〉<u>因此，</u>他們有理由根據西方事態的發展做出的<u>惟一結論</u>可能
就是：俄國要確立資本主義生產，就應該從消滅公社所有制【la propriété
communale】、從剝奪農民即<u>人民群眾的大多數</u>著手。而俄國自由派的<u>願望</u>
就是這樣的；〈他們希望把資本主義生產移植到他們的國家，因而，當然也
希望把農民的大多數轉變成單純的雇傭工人。〉但是，他們的<u>願望</u>是否比葉
卡捷琳娜二世企圖把西方中世紀的行會制度〈嫁接〉移植到俄國土地上來的
願望更有理由呢？

　　〈因爲俄國耕種者手中的土地是他們的共有財產【propriété commune】，
而且從來不是他們的私有財產〔……〕〉

　　〈在土地不是耕種者的「私有財產」，而且從來不是的俄國，〖這〗這
種從私有制到資本主義所有制的〖轉變〗形態變化〖是沒有意義的。〗〖是
不可能的。〗因而是問題之外的。〖我們所能得出的唯一的結論就是
〔……〕〗〖從西歐的論據我們只能得出〔……〕〗〖如果想從〔……西
歐的論〕據得出某種教訓〖指示〗〗〉

　　〈無論多麼幼稚的人都不能否認這是完全相反的兩種情況吧。在任何情
況下，西歐的過程〉

　　總之，〈我所分析的過程〉西方對<u>耕種者</u>的剝奪，使「勞動者私有的、分
散的所有制變爲」資本家私有的、集中的所有制。但這終究仍然是一種私有
制形式代替另一種私有制形式。〈那麼，這個同樣的過程如何能適用於〖土地
現在不是過去也不是……〗土地所有一直是「共有」，而且從來不是「私有」
的〖俄國的國土〗俄國的耕種者呢？〖在西歐完成了的〖我所分析的〗這個
相同的歷史過程……〗〉俄國則相反，它是資本主義所有制代替〈土地耕種
者的〉共產主義所有制【la propriété communiste】的問題。〈這明顯地完全是
〔……〕的過程。〉

　　<u>確實如此！</u>如果資本主義生產<u>必須要</u>在俄國確立自己的統治，那麼，絕

　　　　另一種所有制的過程。」

大多數農民即俄國人民則必須變成雇傭工人，因而也必然會遭到剝奪，即通過共產主義所有制【propriété communiste】先被消滅而遭到剝奪。但是，不管怎樣，西方的先例在這裡完全不能說明〈這個過程的「歷史必然性」的〉問題。

（2）關於您所講到的俄國的「馬克思主義者」，我完全不知道。現在和我保持個人聯繫的一些俄國人，就我所知，是持有完全相反的觀點的。

（3）從歷史觀點來看，關於俄國公社所有制【la propriété communale】**必然解體**的〈可以辯護的〉惟一論據如下：公社所有制【la propriété communale】曾在西歐各地存在過，隨著社會的進步，它在各地都不見了，〈為什麼它的命運在俄國就不同了呢？〉那麼它如何能在俄國避免同樣的命運呢？〔註5〕

首先，在西歐，公社所有制【la propriété communale】的滅亡和資本主義生產的〈出現〉誕生之間隔著〈歷時好幾個世紀〉一段很長的時間，包括整個一系列依次相繼的經濟上的革命和進化，〈在那裡公社所有制【la propriété communale】的滅亡沒有導致資本主義生產的誕生，〉而資本主義生產不過是其中〈最後的〉距離我們最近的一個。資本主義一方面神奇地發展了社會的生產力，但是另一方面，也表現出〈它的暫時性〉它同自己所產生的社會生產力本身是不相容的。它的歷史今後只是對抗、危機、衝突和災難的歷史。最後，資本主義生產向一切人（除了因利益而瞎了眼的人）表明了它的純粹的暫時性。資本主義生產取得最大飛躍發展的歐洲和〈美國的〉美洲的人民，正力求打碎它的枷鎖，以合作生產來代替資本主義生產，以所有制的古代類型的更高級形式即〈集體〉共產主義所有制【la propriété communiste】來代替資本主義所有制。

如果俄國是脫離世界而孤立存在的，如果它要靠自己的力量取得西歐通過長期的一系列進化（從原始共同社會【communautés primitives】的存在到它的目前狀態）才取得的那些經濟成就，那麼，共同社會【communautés】注定會隨著俄國社會的逐步發展而滅亡這一點，至少在我看來，是毫無疑問的。可是，俄國公社【la propriété commune russe】的情況同西方〈西歐〉原始共同社會【communautés primitives】的情況完全不同。俄國是在全國廣大範圍內

〔註5〕 這一段落在草稿中以如下不同的說法重複：「從歷史觀點來看，證明俄國**共產主義所有制**【la propriété communiste】必然解體的惟一有力論據如下：共產主義所有制【La propriété communiste】曾在西歐各地存在過，隨著社會的進步，它在各地都不見了，為什麼它只是在俄國免於這種遭遇呢？」

把公社所有制【la propriété communale】保存下來的歐洲惟一的國家，但同時又生存在現代的歷史環境中，同較高的文化同時存在，和資本主義生產所統治的世界市場聯繫在一起。

〈因此，資本主義生產﹙給俄國﹚提供了其成果，﹙俄國﹚不需要經歷其〔……﹚〉

<u>因此，</u>俄國吸取這種生產方式的積極成果，就有可能發展並改造它的農村公社【commune rurale】的<u>仍舊古代的形式</u>，而不必加以破壞（我順便指出，俄國的共產主義所有制形式是古代類型的最現代的形式，而後者<u>自身</u>又經歷過一系列的進化）。

如果俄國的資本主義制度<u>愛好者</u>否認這種結合的可能性，那麼，就請他們來證明：要在俄國使用機器，它必須先經過機器生產的孕育期。請他們給我說明：他們怎麼能夠可以說是在幾天之內就把西方需要幾個世紀才建立起來的一整套交換機構（銀行、信用公司等等）引進到自己這裡來呢？

〈儘管資本主義制度在西方已經在走下坡路，而且也就要成為〈社會制度〉〈退化的形式〉「古代」形態的時候，俄國的資本主義制度愛好者們卻……〉

（4）<u>我們</u>地球的太古結構或原生結構<u>本身是由疊覆的不同年代的一系列地層組成的</u>。<u>與此相類似，</u>社會的<u>古代</u>形態也表現為標誌著依次更迭的時代的〈相互間構成一種上昇系列的〉、一系列不同的類型。俄國農村公社【la commune rurale】屬於這一鏈條中最近的類型。在這種公社裏面，耕種者已經具有了他所居住的房屋和作為房屋<u>補充部分的園地</u>【du jardin】的私有權。這正是古代形式的第一個破壞性因素，是較古的類型所沒有的。〈並且它能成為從古代形態向……的轉變。〉另一方面，較古的類型都是建立在公社各個社員<u>自然的血緣親屬關係之上</u>的，而俄國公社所屬的類型已經擺脫了這種狹窄的聯繫。這使它有了較廣闊的發展餘地。農村公社【communes rurales】的孤立性、公社與公社之間的生活缺乏聯繫，這種與世隔絕的小天地〈它成為了中央集權專制制度的自然基礎〉，並不到處都是<u>這種原始類型的</u>內在特徵，但是，在有這一特徵的任何地方，它總是把集權的專制制度<u>矗</u>立在公社的上面。<u>我認為，在俄國，一旦擺脫了政府的桎梏，</u>〈農村公社的這種孤立的生活就會消失吧。〉<u>這種原來由幅員遼闊決定的孤立性是很容易被消除的。</u>

現在我來談談問題的實質。毋庸諱言，俄國〈農村〉公社所屬的古代類型，包含著一種內在的二重性，這種二重性在一定的歷史條件下會導致公社

的毀滅〈解體〉。土地雖然是共有的【commune】,〈另一方面,實際上,耕作、生產則是小塊土地農民自己的耕種、生產〉但是每個農民則和西方的小農一樣,都自力來耕種和經營自己的〈小塊土地〉田地〈並佔有小塊土地的產品〉。共有制【Propriété commune】和土地的小塊經營相結合,〈那是耕作進步、發展(使肥沃的)的一個因素〉這在較久遠的時代是有益的,但在我們時代就變成危險的了。一方面,動產這種在農業中起著越來越重要作用的因素,促使公社社員的財產狀況日益分化,特別是在國家的財政壓力之下,還引起公社內部各種利益之間的鬥爭;另一方面,作爲協作勞動和合作勞動基礎的共有制【la propriété commune】,它的經濟上的優越性日益喪失。可是也不應該忘記,俄國農民在使用沒有進行分配的草地方面,已經採用了集體方式,並且他們習慣於勞動組合關係,這就大大便利了他們從小塊土地耕種過渡到集體耕種;俄國土地的天然地勢,有利於進行大規模聯合的〈借助於對機器的〉機器耕種;而且,長久以來靠農村公社【la commune rurale】的負擔生存的俄國社會,也有義務爲公社墊付實現這一改變所必需的最初的經費。不言而喻,這裡所說的只是逐漸的改變,而這一改變必須從使公社在目前的基礎上走上正常狀態開始。

(5)把一切多少帶有理論性的問題撇開不談,那也用不著向您說明,今天威脅著俄國公社生存的危險來自共謀反對它的那些強有力的利害關係者。某種在國家幫助下靠犧牲農民哺育起來的某種資本主義是同公社對立的;它所關心的是公社的毀滅。並且爲了地主的利益,創造出一個由比較富裕的農民組成的農村中間階級,而把貧苦耕種者即耕種者的大多數變爲單純的雇傭工人,這意味著廉價的勞動!公社受國家勒索的壓制、商業的掠奪、地主的剝削和高利貸從內部的破壞,那它怎麼能夠抵抗得住呢?

威脅著俄國公社生命的不是歷史的必然性,不是理論,而是國家的壓迫,以及也是由國家靠農民的負擔扶植壯大起來的資本主義侵入者的剝削。

【初 稿】

(1)在分析資本主義生產的起源時,我說過,〈其秘密就是〉它實質上是「生產者和生產資料徹底分離」(《資本論》法文版第 315 頁第 1 欄),並且說過,「全部過程的基礎是對耕種者的剝奪。這種剝奪只是在英國才徹底完成了……但是,西歐的其他一切國家都正在經歷著同樣的運動」(同上,第 2

欄）。

　　可見，我明確地把這一運動的「歷史必然性」限制在西歐各國的範圍內。為什麼呢？請看第三十二章，那裡寫道：

　　「它被消滅的過程，即個人的分散的生產資料為社會的積聚的生產資料，多數人的小財產轉化為少數人的大財產，──這種對勞動人民的痛苦的、殘酷的剝奪，就是資本的起源……以自己的勞動為基礎的私有制……被以剝削他人勞動即以雇傭勞動為基礎的資本主義私有制所排擠。」（第 340 頁第 2 欄）

　　可見，歸根到底這裡所說的是把一種私有制形式變為另一種私有制形式〔註6〕。但是，既然俄國農民手中的土地從來沒有成為他們的私有財產，那麼這一論述又如何應用呢？

　　（2）從歷史觀點來看，證明俄國農民的公社【la commune des paysans russes】必然解體的唯一有力論據如下：

　　回顧一下遙遠的過去，我們發現西歐到處都有不同程度上是古代類型的共有制【la propriété commune】；隨著社會的進步，它在各地都不見了。為什麼它只是在俄國免於這種遭遇呢？

　　我的回答是：在俄國，由於各種獨特情況的結合，至今還在全國範圍內存在著的農村公社【la commune rurale】能夠逐漸擺脫其原始特徵，並直接作為集體生產的因素在全國範圍內發展起來。正因為它和資本主義生產是同時存在的東西，所以它能夠不經資本主義生產的〈可怕的〉慘痛的波折而佔有它的一切積極的成果。俄國不是脫離現代世界孤立生存的；同時，它也不像東印度那樣，是外國征服者的獵獲物。

　　如果資本主義制度的俄國崇拜者要否認這種進化的理論上的可能性，那我要向他們提出這樣的問題：俄國為了採用機器、輪船、鐵路等等，是不是一定要像西方那樣先經過一段很長的機器工業的孕育期呢？同時也請他們給我說明：他們怎麼能夠把西方需要幾個世紀才建立起來的一整套交換機構（銀行、信用公司等等）一下子就引進到自己這裡來呢？

　　如果在〔農民〕解放的時候，農村公社【les communes rurales】立即被置於正常的發展條件下，其次，如果主要靠農民來償付的鉅額國債，以及通過國家（仍然總要靠農民來償付）向那些轉化為資本家的「社會新棟梁」提供

────────────────

〔註6〕　在手稿中，「另一種私有制形式」的上方寫有「西方的運動」幾個字。

的其他鉅款，都用於<u>農村公社【la commune rurale】的進一步發展</u>，那麼，現在誰也不會再臆測消滅農村公社【la commune】的「歷史必然性」了，因為大家都將會承認，<u>它是俄國社會新生的因素和一種優於其他還處在資本主義制度奴役下的國家的因素。</u>

〈能成為俄國公社【la commune russe】發展因素的，不只是它和資本主義生產同時存在這一點。〉

另外一個有利於（<u>通過發展的方式</u>）保存俄國公社【la commune russe】的情況是：<u>它不僅和〈西歐各國〉資本主義生產是同時存在的東西，而且經歷了這種社會制度尚未受觸動的時期而幸存下來；相反，在俄國公社面前，不論是在西歐，還是在美國，這種社會制度現在都處於同科學、同人民群眾以至同它自己所產生的生產力本身相對抗的境地。</u>〈總之，資本主義制度已經變成了激烈對抗、危機、衝突、週期性災難的場所，就連完全瞎了眼的人都能看明瞭的是，這是一種必然會通過回復到社會的〔……〕而歸於消滅的過渡性的生產制度。〉總之，在俄國公社面前，資本主義制度正經歷著危機，這種危機只能隨著資本主義的消滅，隨著現代社會回復到<u>共有制【la propriété commune】的「古代」</u>類型而告終，這種形式的所有制，或者像一位美國著作家（這位著作家是不可能有革命傾向的嫌疑的，他的研究工作曾得到華盛頓政府的支持）所說的，現代社會所趨向的〈優越的計劃〉「新制度」，將是「古代類型社會在一種高級的形式下（in a superior form）的復活（a revival）」。〔註7〕 因此，不應該過分地害怕「古代」一詞。

<u>但是</u>，如果是這樣，那至少應該瞭解這些波折。然而，關於這些波折，我們還什麼都不瞭解。*

*注：在草稿的第十三頁，對上面這句話作了如下的詳細說明。

> 各種原始共同社會【communautés primitives】（把所有的原始共同社會混為一談是錯誤的；正像在地質的層系構造中一樣，在歷史的形態中，也有原生類型、次生類型、再次生類型等一系列的類型）的衰弱的歷史，還有待於撰述。到現在為止，我們只有一些<u>粗糙的描繪</u>。但是，無論如何，研究的進展已經足以證明：（1）原始共同社會【communautés primitives】的生命力比閃米特人社會、希臘社

〔註7〕 見路‧亨‧摩爾根《古代社會，或人類從蒙昧時代經過野蠻時代到文明時代的發展過程的研究》1877年倫敦版第522頁。

會、羅馬社會以及其他社會，尤其是現代資本主義社會的生命力要強大得多；（2）它們衰弱的原因，是那些阻礙它們越過一定發展階段的經濟條件，是和今日俄國公社的歷史環境毫無相似之處的歷史環境。

〈一些資產階級的著作家，特別是像亨利·梅恩爵士那樣來自英國的著作家，則主要是在意欲揭示資本主義制度社會的優越性，並且去稱頌讚揚它。熱衷於這個制度的人們，不能理解這〔……〕。〉

我們在閱讀資產者所寫的 原始共同社會【communautés primitives】的歷史時必須有所警惕。〈不管什麼〉就是偽造，他們也是不甚顧惜的。例如，亨利·梅恩爵士本來是英國政府用暴力破壞印度公社【communes indiennes】行動的熱心幫手，但他卻偽善地要我們相信：政府維護這些公社【ces communes】的一切崇高的努力，碰到經濟規律的自發力量都失敗了！

不管怎樣，這種公社是在連綿不斷的內外戰爭的情況下滅亡的，很可能是亡於非命。在日耳曼部落來征服意大利、西班牙、高盧等地時，那裡的古代類型的公社已經不存在了。但是，它的天然的生命力卻為兩個事實所證實。一些公社零零散散地分佈於各地，經歷了中世紀的一切波折，一直保存到今天，例如，在我的家鄉特里爾專區就有。然而更重要的是，這種公社的各種特徵非常清晰地表現在取代它的公社裏面，在後一種公社裏面，耕地變成了私有財產，然而森林、牧場、荒地等仍為共同的財產【propriété communale】，所以毛勒在研究了這種〈更新起源的〉次生形態的公社後，就能還原出它的古代原型。由日耳曼人在所有被征服的地區引入的新公社，由於繼承了古代原型的特徵，在整個中世紀時期，成了自由和人民生活的唯一中心【le seul foyer】。

如果說，在塔西佗時代以後，我們關於〈日耳曼〉〈農村〉〈古代〉公社的生活，關於公社是怎樣消失和在什麼時候消失的，都一點也不瞭解，那麼，至少由於尤利烏斯凱撒的敘述，我們對這一過程的起點還是知道的。在凱撒的那個時代，已經是逐年分配〈能耕作的〉土地，但是這種分配是在日耳曼人的部落聯盟〈不同〉的各氏族〈Geschlechter〉和部落之間，還不是在公社各個社員之間進行的。由此可見，〈農業〉農村公社【la commune〈agricole〉rurale】在日耳曼尼亞是從較古的類型的公社中產生出來的。在這裡，它是自

然發展的產物，而決不是從亞洲現成地輸入的東西。在那裡，在東印度<u>我們</u><u>也</u>遇到這種農村公社，並且往往是古代社會形態的**最後階段**或最後時期。

為了從純理論觀點，即始終以正常的生活條件爲前提，〈現在〉來判斷〈「農村公社」【la „commune rurale"】〉可能有的命運，我現在必須指出「農業公社」【la „commune rurale"】不同於較古的<u>類型的</u>某些特徵。

首先，所有較早的<u>原始共同社會</u>【les communautés primitives】都是建立在<u>其成員血緣親屬關係上的</u>；「農業公社」割斷了這種牢固然而狹窄的聯繫，就更能夠擴大範圍並經受得住同外界的接觸。

其次，在公社內，房屋及其<u>補充部分</u>——園地【la cour】，已經是農民的私有財產，可是遠在引入農業以前，共有的房屋曾是早先各種<u>共同社會</u>【communautés】的物質基礎之一。

最後，雖然耕地仍然是共有的財產【propriété communale】，但定期在農業公社各個社員之間進行分配，因此，每個農民自力經營分配給他的田地，<u>並且各自地佔有產品</u>，然而在較古的<u>共同社會</u>【les communautés】中，生產是共同進行的，只有產品才拿來分配。這種原始類型的合作生產或集體生產顯然是單個人的力量太小的結果，而不是生產資料社會化的結果。

不難瞭解，「農業公社」所固有的二重性能夠賦予它強大的生命力，因爲，一方面，<u>共有制</u>【la propriété commune】及其所造成的各種社會聯繫，使公社基礎穩固，同時，房屋的私有、耕地的小塊耕種和產品的私人佔有又使那種與較原始的<u>共同社會</u>【communautés】條件下不相容的個性獲得發展。但是，同樣明顯，這種二重性也可能逐漸成爲公社解體的根源。撇開敵對環境的一切影響不說，僅僅從積累牲畜開始的動產<u>財富</u>的逐步積累（甚至有像農奴這樣一種財富的積累），動產因素在農業本身中所起的日益重要的作用以及與這種積累密切相關的許多其他情況（如果我要對此加以闡述會離題太遠），都起著破壞經濟平等和社會平等的作用，並且在公社內部產生利益衝突，這種衝突先是使耕地變爲私有財產，最後造成私人佔有那些已經變成私有<u>財產共同附屬物</u>【annexes communales】的森林、牧場、荒地等等。* 正由於這個原因，「農業公社」到處都是古代社會形態的**最近的類型**，由於同樣的原因，在古代和現代的西歐的歷史運動中，農業公社時期是從<u>共有制</u>【la propriété commune】到私有制、從原生形態到次生形態的過渡時期。但這是不是說，不管在什麼情況下〈而且不管在怎樣的歷史環境下〉，「農業公社」的發展都要

遵循這條道路呢？絕對不是的。「農業公社」的構成形式只能有兩種選擇：或者是它所包含的私有制因素戰勝集體因素，或者是後者戰勝前者。<u>一切都取決於它所處的歷史環境。先驗地說，兩種結局都是可能的，但是，對於其中任何一種，顯然都必須有完全不同的歷史環境。</u>

*在草稿的第十二頁，這一思想以如下幾乎相同的表述再次出現。

> 〈撇開敵對環境的一切影響不說，例如牲畜這樣不屬於公社而是屬於各個成員的動產財富的逐步增長，而且，不該忘記個人手中的動產，例如牲畜以及有時甚至是奴隸或農奴這樣的財富……動產因素在農村經濟中所起的日益重要的作用，光這種積累就足以成為{公社的}溶解劑 ……〉撇開敵對環境的一切其他有害因素的影響不說，僅僅是個別家庭手中的動產，例如它們的牲畜、有時甚至是奴隸或農奴這樣的財富的逐步增長，這種私人積累，從長遠來看足以破壞原始的經濟平等和社會平等，並且在公社內部產生利益衝突，這種衝突首先觸及作為<u>共有財產</u>【la propriété commune】的耕地，最後擴大到森林、牧場和荒地等等這樣一些<u>之前已經變成私有財產共同附屬物的共有財產</u>。

（3）〈下面就要談俄國的「農業公社」【la „commune agricole“】了，我暫且不管它所遭遇的所有災難。我只來考察一下這種公社構成的形式及其所處的歷史環境所給它帶來的發展的可能性。〉

俄國是在全國範圍內把「農業公社」【la „commune agricole“】保存到今天的唯一的歐洲國家。它不像東印度那樣，是外國征服者的獵獲物。同時，它也不是脫離現代世界孤立存在的。一方面，<u>土地共有制</u>【la propriété commune】〈它是和西方資本主義生產同時存在的，而且與之還具有物質及智力上的聯繫〉使它有可能直接、逐步地把小地塊個體耕作轉化為集體耕作，並且俄國農民已經在沒有進行分配的草地上實行著集體耕作。俄國土地的天然地勢適合於大規模地使用機器。農民習慣於**勞動組合關係**，這有助於他們從小地塊勞動向合作勞動過渡；最後，長久以來靠農民維持生存的俄國社會，也有義務給予農民必要的墊款，來實現這一過渡。〈當然，我們應該著手把公社在它**目前的基礎之**上置於正常的狀態之下，因為農民在任何地方都是一切急劇變革的敵人。〉另一方面，和控制著世界市場的西方〈資本主義〉生產同時存在，就使俄國可以不通過資本主義制度的卡夫丁峽谷，而把資本主義制度所

創造的一切積極的成果用到公社中來。

如果「社會新棟梁」的代言人要否認現代農村公社【la commune rurale moderne】上述進化的理論上的可能性，那麼向他們提出這樣的問題：俄國爲了獲得機器、輪船、鐵路等等，是不是一定要像西方那樣先經過一段很長的機器工業的孕育期呢？也可以向他們提出這樣的問題：他們怎麼能夠把西方〈在另一方面〉需要幾個世紀才建立起來的一整套交換機構（銀行、股份公司等等）一下子引進到自己這裡來呢？

俄國的「農業公社」【la „commune agricole"】有一個特徵，這個特徵造成它的軟弱性，從各方面來看對它都是不利的。這就是它的孤立性，公社與公社之間的生活缺乏聯繫，這種與世隔絕的小天地並不到處都是這種類型的公社的內在特徵，但是，在有這一特徵的地方，這種與世隔絕的小天地就使一種或多或少集權的專制制度凌駕於公社之上。北部俄羅斯各共和國的聯合證明，這種孤立性在最初似乎是由於領土遼闊而形成的，在相當大的程度上又由於蒙古人入侵以來俄國遭到的政治命運而加強了。在今天，這個障礙是很容易消除的。也許只要用各公社自己選出的農民代表會議代替鄉這一政府機關就行了，這種會議將成爲維護它們利益的經濟機關和行政機關。

從歷史的觀點來看，一個十分有利於通過「農業公社」【la „ commune agricole"】的進一步發展來保存這種公社的情況是：「農業公社」不僅和西方資本主義生產是同時存在的東西，這使它可以不必屈從於資本主義的活動方式而佔有它的各種成果；而且，它經歷了資本主義制度尚未受觸動的時期而幸存下來；相反，在俄國公社面前，不論是在西歐，還是在美國，資本主義制度現在都處於同勞動群眾、同科學以至同它自己所產生的生產力本身相對抗的境地。總之，在俄國公社面前，資本主義制度正經歷著危機，這種危機將隨著資本主義的消滅，隨著現代社會回復到集體所有制和集體生產的「古代」類型的高級形式而告終。

不言而喻，公社的進化將是逐步的，第一步可能是在它目前的基礎上把它置於正常條件之下。

〈俄國「農村公社」【la „commune rurale"】的歷史環境是獨一無二的！在歐洲，只有俄國「農村公社」不是像稀有微縮模型的零星殘存那樣以不久前在西方還可見到的那種古代形式保存了下來，而幾乎是作爲巨大帝國疆土上人民生活的占統治地位的形式保存下來的。如果說土地共有制【la propriété commune】是俄國「農村公社」的集體佔有制的〈自然的〉基礎，那麼，它的歷史環境，即它和資本主義生產同時存在，則爲它提供了大規模地進行共同勞動的現成的物質條件。因此，它能夠不通過資本主義制度的卡夫丁峽谷，而佔有資本主義制度所創造的一切積極的成果。它能夠以應用機器的大農業來逐步代替小地塊耕作，而俄國土地的天然地勢又非常適於這種大農業。因此，它能夠成爲現代社會所趨向的那種經濟制度的**直接出發點**，不必自殺就可以獲得新的生命。相反，作爲開端，必須把它置於正常條件之下。〉〈但是……這不僅是要排除——可被排除的——存在於農村公社【la commune rurale】內部的二重性〉

　　但是，同公社相對立，出現了這樣的地產，它掌握了將近一半土地，而且是優等地，更不用說國有土地了。正因爲如此，所以通過「農村公社」【la „commune rurale"】的進一步發展來保存它是和俄國社會總的運動是一致的，俄國社會的新生只有付出這個代價才能獲得。

　　甚至僅僅從經濟觀點來看〔註8〕，俄國能夠通過本國農村公社【commune rurale】的發展來擺脫它在農業上所處的〔……？……〕〔註9〕；通過英國式的資本主義的租佃〈的導入〉來擺脫這（絕境）的嘗試，將是徒勞無功的，因爲這種制度是同這個國家農村的所有（社會）條件〈整體〉相牴觸的。

　　〈因此，這種「農村公社」的孤立性，以及公社與公社之間的生活缺乏聯繫，總之，這種阻止了它〈所有〉歷史創舉的**與世隔絕的小天地**，只有在普遍的暴動中才能被打破。〉

　　〈從理論上說，俄國「農村公社」【la „commune rurale"】可以通過發展它的基礎即土地共有制【la propriété commune】和消滅它也包含著的私有制原則來保存自己；它能夠成爲現代社會所趨向的那種經濟制度的**直接出發點**，不必自殺就可以獲得新的生命；它能夠不經歷資本主義制度而佔有資本主義生產使人類豐富起來的那些成果。這個資本主義制度單純從它可能延續的時間來看，在社會生活中是微不足道的。但是我們必須從純理論回到俄國現實中來。〉

　　撇開目前壓迫著俄國「農村公社」的一切災難而僅僅考察它的構成形式

〔註8〕　馬克思本有增刪，這半句話的原文是：「〈Même au point〉Même au seul point de vue économique」。——斌

〔註9〕　這裡的難以辨認的字句可能是「絕境」。「三稿」與此相應的地方則作「impasse（死胡同、絕境）」。

和歷史環境，那麼一看就很清楚，它的一個基本特徵，即土地共有制【la propriété commune】，是構成集體生產和集體佔有的自然基礎。此外，俄國農民習慣於**勞動組合關係**，這有助於他們從小地塊勞動向集體勞動過渡，而且，俄國農民在沒有進行分配的草地上、在排水工程以及其他公益事業方面，已經在一定程度上實行集體勞動了。但是，要使集體勞動在農業本身中能夠代替小地塊勞動這個私人佔有的根源，必須具備兩樣東西：在經濟上有這種改造的需要，在物質上有實現這種改造的條件。

關於經濟上的需要，只要把「農村公社」【la ,, commune rurale"】置於正常條件之下，就是說，只要把壓在它肩上的重擔除掉，只要它獲得正常數量的耕地，那麼它本身就立刻會感到有這種需要。俄國農業只要求有土地和用比較原始的工具裝備起來的小地塊農民〈和土地的肥沃〉的時期已經過去了……。這個時期之所以很快地成為過去，是因為對農民的壓迫耗盡了農民的土地的地力，使他們的土地貧瘠。現在，農民需要的是大規模組織起來的合作勞動。況且，現在他們連種兩三俄畝土地都還缺乏各種最必要的東西，難道把俄畝數增加到 10 倍，他們的狀況就會變得好些嗎？

設備、肥料、農藝上的各種方法等等集體勞動所必需的一切資料，到哪裏去找呢？俄國「農村公社」【la ,,commune rurale"】比同一類型的古代公社大大優越的地方正是在這裡。在歐洲，只有俄國的「農村公社」在全國範圍內廣泛地保存下來了。因此，它目前處在這樣的歷史環境中：它和資本主義生產的同時存在為它提供了集體勞動的一切條件。它有可能不通過資本主義制度的卡夫丁峽谷，而佔有資本主義制度所創造的一切積極的成果。俄國土地的天然地勢，適合於利用機器進行大規模組織起來、〈借助於〉實行合作勞動的農業經營。至於最初的創辦費用（包括智力上的和物質的），俄國社會有支付的義務，因為它長久以來靠「農村公社」維持生存並且也必須從「農村公社」中去尋找它的「新生的因素」。

「農村公社」的這種發展是符合我們時代歷史發展的方向的，對這一點的最好證明，是資本主義生產在它取得最大飛躍發展的歐美各國中所遭到的致命危機，而這種危機將隨著資本主義生產的消滅，隨著現代社會回復到最古類型的高級形式，回復到集體生產和集體佔有而告終。

（4）〈如果從理論回到現實中來，誰都不能掩飾，俄國公社如今正面臨著強大勢力及利害關係者的陰謀，且不說國家對此的不停的榨取，國家靠農

民的負擔容易地建立起了——交易所、銀行、鐵路、商業……——資本主義制度的某些部分。〉

　　要能發展，首先必須生存，可是任何人都不能掩飾，「農村公社」【la „commune rurale"】目前正處於危險境地。

　　〈你完全清楚，現在俄國公社的存在本身由於強大的利害關係者的陰謀而處於危險境地。除了被國家的直接搜刮壓得喘不過氣來，除了遭受侵入公社的「資本家」、商人等等以及土地「所有者」的狡詐的剝削以外，公社還受到鄉村高利貸者以及由於它所處的環境而在內部引起的利益衝突的損害。〉

　　要剝奪農民，不必像在英國和在其他地方那樣，把他們從他們的土地上趕走；同樣，也不必用敕令來消滅共有制【la propriété commune】。請你們試一試，從農民那裡奪取他們的農業勞動產品一旦超過一定的限度，那麼，你們即使動用憲兵和軍隊也不能再把他們束縛在他們的土地上！羅馬帝國末年，各行省的十人長（不是農民，而是土地所有者）就曾逃離自己的家園，拋棄自己的土地，甚至賣身當奴隸，這一切都只是為了擺脫那種不過成了官方無情壓榨的藉口的財產。

　　正是從所謂農民解放的時候起，國家把俄國公社置於不正常的經濟條件之下，並且從那時候起，國家借助於集中在它手中的各種社會力量來不斷地壓迫公社。由於國家的財政搜刮而被剝削得一籌莫展的公社，成了不正當交易、地產、高利貸隨意剝削的任人擺佈的對象。這種外來的壓迫激發了公社內部原來已經產生的各種利益的衝突，並加速了公社的各種瓦解因素的發展。但是，還不止如此。〈國家靠農民的負擔，把資本主義制度中最容易移植的贅疣，即交易所、投機、銀行、股份公司、鐵路，猶如在溫室中那樣把它們培育了起來。國家給填補這些赤字，而利潤則預付給了那些企業家，等等。〉國家靠農民的負擔〈就如〉在溫室中〈幫助培植〉培植起來的是西方資本主義制度的這樣一些部門，它們絲毫不發展農業生產能力，卻特別有助於不從事生產的中間人更容易、更迅速地竊取它的果實。這樣，國家就幫助了那些吮吸「農村公社」【la „commune rurale"】本來已經枯竭的血液的新資本主義寄生蟲去發財致富。

　　……總之，那些最能促進和加速剝削耕種者（俄國的最巨大的生產力）、并最能使「社會新棟梁」發財致富的一切技術和經濟手段，都在國家〈充當中間人〉的幫助下過早地發展起來。

（5）〈人們一眼就能明白，這些促進和加速剝削俄國最巨大生產力之耕種者的敵對勢力是相互協作的。〉

〈人們一眼就能明白，如果沒有強大的反作用，這種敵對勢力相互協作的結果，必然會導致公社的滅亡。〉

破壞性影響的這種協作，只要不被強大的反作用打破，就必然會導致農村公社【la commune rurale】的滅亡。

但是要問，為什麼從農村公社【la commune rurale】的現狀中得到好處的所有這些利害關係者（我指的包括政府監護下的大工業），合謀要殺死給他們下金蛋的母雞呢？正因為它們感到：「這種現狀」不能繼續維持下去，因而現在的〈不能更甚的〉剝削方式已經過時了。由於農民的貧困狀況，地力已經耗盡而變得貧瘠不堪。〈有利的氣候好幾年裏從土地取得的〉豐年被飢饉抵消。俄羅斯不僅不能輸出糧食，反而必須輸入。最近十年的平均數字表明，農業生產不僅停滯，甚至下降。最後，第一次出現了俄國不僅不能輸出糧食，反而必須輸入糧食的情況。因此，不能再浪費時間。必須結束這一切。必須創造一個由比較富裕的少數農民組成的農村中等階級，並把大多數農民乾脆都變為無產者〈雇傭工人〉。——正是為了這一目的，「社會新棟梁」的代言人才把公社所受的創傷說成是公社衰老的自然徵兆。

既然這麼多不同的利害關係著，特別是在亞歷山大二世仁慈的統治下成長起來的「社會新棟梁」從「農村公社」【la „commune rurale"】的現狀中得到好處，那麼，為什麼他們還合謀要使公社滅亡呢？為什麼他們的代言人還把公社所受的創傷說成是公社自然衰老的確鑿證據呢？為什麼他們要殺死下金蛋的他們的母雞呢？只是因為經濟上的事實（我要來分析這些事實，就會離題太遠）揭開了這一秘密：公社的現狀不能繼續維持下去了，並且純粹由於事物的必然性，現在的剝削人民群眾的方式將變得過時了。因此，必須有點新東西，而這種新東西，雖然表現為各種不同的形式，但總不外是：消滅共有制【la propriété commune】，創造一個由比較富裕的少數農民組成的農村中等階級，並把大多數農民乾脆都變為無產者。

〈誰都不能掩飾，〉一方面，「農村公社」【la „commune rurale"】幾乎陷入絕境；另一方面，強有力的陰謀正等待著它，準備給它以最後的打擊。要挽救俄國公社，就必須有俄國革命。可是，那些掌握著各種政治力量和社會力量的人正在盡一切可能準備把群眾推入這一災禍之中。正當人們吸著公社

的血、蹂躪它、耗盡它的地力、使它的土地貧瘠的時候,「社會新棟梁」的文壇奴僕卻以嘲弄的口吻指出,公社所受的創傷正是它自然衰老的徵兆;並宣稱,<u>公社正在自然死亡</u>,縮短它的臨終的時間是一件好事。因此,這裡涉及的已經不是有待解決的問題,而簡直是應給以打擊的敵人。<u>因此,這已經不是理論的問題。</u>〈要解決的只有一個問題。那就是必須打擊的敵人。〉要挽救俄國公社,就必須有俄國革命。而且,政府和「社會新棟梁」正在盡一切可能準備把群眾推入這一災禍之中。如果革命在適當的時刻發生,如果它能把自己的一切力量集中起來以保證農村公社的自由發展,〈如果俄國社會智慧的人們〉〈如果俄羅斯智慧的人們把這個國家所有的生命活力集中起來的話〉那麼,農村公社就會很快地變爲俄國社會新生的因素,變爲優於其他還處在資本主義制度奴役下的國家的因素而<u>繼續發展</u>。

☆上述內容沒有包括現今中譯文中如下的一段,此段與第(4)節裏倒數第三段的內容基本一致。——斌

> 要剝奪農民,不必像在英國和在其他國家那樣,把他們從他們的土地上趕走;同樣,也不必用命令來消滅公社所有制。相反,請你們試一試,從農民那裡奪取他們的農業勞動產品一旦超過一定的限度,那麼,你們即使動用聽你們指揮的憲兵也不能再把他們束縛在他們的土地上!羅馬帝國末年,各行省的十人長(大土地所有者)就曾拋棄自己的土地,成爲流浪者,甚至賣身當奴隸,只是爲了擺脫那種不過成了官方壓榨的藉口的「財產」。

【三　稿】

親愛的公民:

　　要深入分析您 2 月 16 日來信中提出的問題,我必須鑽研事物的細節而放下緊急的工作。但是,我希望,現在我很榮幸地給您的這一簡短的說明,就足以消除對所謂我的理論的一切誤解。

　　一、我在分析資本主義生產的起源時說:「因此,在資本主義制度的基礎上,生產者和生產資料徹底分離了……全部過程的基礎是<u>對耕種者的剝奪</u>。這種剝奪只是在英國才徹底完成了…… 但是,<u>西歐的其他一切國家</u>都正在經歷著同樣的運動。」(《資本論》法文版第 315 頁)

　　可見,這一運動的「歷史必然性」<u>明確地限制在西歐各國</u>的範圍內。〈那

麼其原因。〉造成這種限制的原因在第三十二章的下面這一段裏已經指出：「以
自己的勞動爲基礎的私有制……被以剝削他人勞動即以雇傭勞動爲基礎的資
本主義私有制所排擠。」（同上，第 340 頁）

因此，在這種西方的運動中，問題是把一種私有制形式變爲另一種私有
制形式。相反，在俄國農民中，則是要把他們的共有制【propriété commune】
變爲私有制。人們承認還是否認這種轉變的必然性，提出贊成或反對這種轉
變的理由，都和我對資本主義制度起源的分析毫無關係。從這一分析中，至
多只能做出這樣的結論：在目前俄國農民占絕大多數的情況下，把他們變成
小的所有者，不過是對他們進行迅速剝奪的序幕。

二、用來反對俄國公社的最有力的論據歸結如下：

如果您回顧一下西方社會的起源，那麼您到處都會發現土地共有制【la
propriété commune】；隨著社會的進步，它又到處讓位給私有制；因此，它不
可能只是在俄國免於這種遭遇。

我之所以注意這一推論，僅僅因爲它〈注視歐洲〉是以歐洲的經驗爲根
據的。至於比如說東印度，那麼，大概除了亨·梅恩爵士及其同流人物之外，
誰都知道，那裡的土地共有制【la propriété commune】是由於英國的野蠻行爲
才被消滅的，這種行爲不是使當地人民前進，而是使他們後退。

並不是所有的原始共同社會【les communautés primitives】都是按照同一
形式建立起來的。相反，從整體上看，它們是一系列社會集團【groupements】，
這些社會集團的類型、生存的年代彼此都不相同，標誌著依次進化的各個階
段。俄國的公社就是通常稱做農業公社【la commune agricole】的一種類型。
在西方相當於這種公社的是非常新近時期的日耳曼公社。在尤利烏斯·凱撒
時代，日耳曼公社尙未出現，而到日耳曼部落來征服意大利、高盧、西班牙
等地的時候，它已經不存在了。在尤利烏斯·凱撒時代，各集團之間、各氏
族和部落之間已經逐年分配耕地，但還不是在公社的各個家庭之間分配；大
概，耕種也是由集團共同進行的。在日耳曼尼亞本土，這種較古類型的共同
社會【communauté】通過自然的發展而變爲塔西佗所描繪的那種農業公社
【commune agricole】。從那時起，我們就看不到它了。它在連綿不斷的戰爭和
遷徙的情況下不知不覺地滅亡了；它有可能是亡於非命。但是，它的天然的
生命力卻爲兩個不可爭辯的事實所證實。這種類型的一些公社零零散散地分
佈於各地，經歷了中世紀的一切波折，一直保存到今天，例如，在我的家鄉

特里爾專區就有。然而更重要的是，這種「農業公社」【„commune agricole"】的烙印是如此清晰地表現在從它產生出來的新公社裏面，以至毛勒在辨認了新公社後能夠還原出這種「農業公社」。在新公社裏，耕地是農民的私有財產，而森林、牧場、荒地等等仍然是共有財產【propriété commune】；這種新公社由日耳曼人引入所有被征服的地區。由於它繼承了原型的特徵，所以，在整個中世紀時期，成了自由和人民生活的唯一中心【le seul foyer】。

同樣在亞洲，在阿富汗人及其他人中間也遇到「農村公社」【la „commune rurale"】。但是，這些地方的公社都是最近的類型，也可以說，是社會的古代形態的最近形式。爲了指出這一事實，所以我就談了關於日耳曼公社的一些細節。

現在，我們必須考察一下「農業公社」【la „commune agricole"】不同於較古的共同社會【communautés】的最主要的特徵。

（1）所有其他共同社會【communauté】都是建立在其成員的血緣親屬關係上的。在這些公社中，只容許有血緣親屬或收養來的親屬。他們的結構是系譜樹的結構。「農業公社」是〔註10〕最早的沒有血緣關係的自由人的社會集團【groupement】。〔註11〕

（2）在農業公社【la commune agricole】中，房屋及其附屬物——園地【la cour】，是歸耕種者個人〈作爲私有財產〉〔註12〕所有的。相反，公共房屋和集體居住是遠在畜牧生活和農業生活形成以前時期的較原始的共同社會【communautés】的經濟基礎。當然，〈也〉有一些農業公社【communes agricoles】，〈至少〉房屋雖然已經不再是集體居住的場所，但卻〈和田地的情形一樣〉定期改換佔有者。〈在那裡，房屋所有雖然依然是公社的，但其用益權卻屬於個人。〉這樣，個人用益權就和共有制【la propriété commune】結合

〔註10〕　前句和此句的開頭，馬克思曾用藍色鉛筆作了修改，修改結果如上譯文。原來的句子如下：「這些有機體的結構是系譜樹的結構。通過割斷這種自然聯繫的臍帶，『農村公社』就成爲……。」

〔註11〕　平田清明對此段話的譯文所據手稿似乎另有所本，茲摘錄如下：「所有其他共同社會都是建立在其成員的血緣親屬關係上的。在這些公社中，只容許有血緣親屬或收養來的親屬。這些有機體的結構是系譜樹的結構。〈通過割斷了這種牢固然而狹窄的聯繫，〉通過割斷這種自然聯繫的臍帶，『農村公社』就成爲最早的沒有血緣關係的自由人的社會集團。〈因此，能夠更加擴大其範圍，過上更爲進步的生活。〉」——斌

〔註12〕　加字符底紋的字句是利贊諾夫編輯的法文稿中沒有，而平田清明譯本中所指出的馬克思刪去的地方，茲摘錄以備考，下同。——斌

起來。但是，這樣的公社仍然帶有它的起源的烙印：它們處在由較古的共同社會【communauté】向眞正的農業公社過渡的狀態。

（3）〈在農業公社，耕地是〉〈依然是公社所有，但大都已經分配了。〉耕地是不可讓渡的共有財產【commune】，定期在農業公社【la commune agricole】各個成員之間進行分配，因此，每一社員自力經營分配給他的田地，並且〈各自地〉個別地佔有產品。而在較原始的共同社會【communautés】中，生產是共同進行的；共同的產品，除儲存起來以備再生產的部分外，都根據消費的需要陸續分配。

顯然，農業公社【la commune agricole】組織所固有的這種二重性能夠賦予它強大的生命力。它擺脫了牢固然而狹窄的自然的血緣親屬關係的束縛，並以土地共有制【la propriété commune】以及共有制所造成的各種社會聯繫爲自己的穩固基礎；同時，各個家庭單獨佔有房屋和園地、小地塊耕種和私人佔有產品，促進了那種與較原始的共同社會【communautés】〈結構〉機體不相容的個性的發展。

但是，同樣明顯，就是這種二重性也可能逐漸成爲公社解體的萌芽。〈撇開有害的環境不談：與較文明各國民眾敵對的、或是商業上的接觸，貨幣的引入，在「農村公社」基礎上向城市逐漸轉變的村落，在公社組織中異質因素的侵入等等。〉除了外來的各種有害的影響，公社內部也具有有害的〈破壞性的〉因素。私人的土地所有已經通過房屋及農作園地的私有滲入那裡〈公社內部〉，這就可能變爲從那裡準備對共有土地進攻的堡壘。這是已經發生的事情。但是，最重要的還是私人佔有的源泉——小地塊勞動。〈它能產生富者。〉它是不受公社控制的一種異質因素的源泉。它產生了牲畜、貨幣、有時甚至奴隸或農奴等動產的積累。這種不受公社控制的動產，個體交換的對象（在交換中，投機取巧起極大的作用）將對整個農村經濟產生越來越大的壓力。這就是破壞原始的經濟平等和社會平等的因素。它把異質的因素帶進來，引起公社內部各種利益和私欲的衝突，這種衝突首先觸及耕地的共有制【la propriété commune】，然後觸及森林、牧場、荒地等等的共有制，一旦這些東西變成了私有財產的共同附屬物【annexes communales】，也就會逐漸變成私有了。

農業公社【la commune agricole】既然是〈古代的〉原生的社會形態的〈最近的而且〉最後的階段，所以它〈自然地通過過渡〉同時也是向次生形態過

渡的階段，即以共有制【la propriété commune】為基礎的社會向以私有制為基礎的社會的過渡。不言而喻，次生形態包括建立在奴隸制上和農奴制上的一系列社會。

但是，這是不是說，農業公社【la commune agricole】的歷史道路必然要導致這種結果呢？絕對不是的。農業公社固有的二重性使得它只能有兩種選擇：或者是它的私有制因素戰勝集體因素，或者是後者戰勝前者。一切都取決於它所處的歷史環境。

現在，我們暫且不談俄國公社所遭遇的災難，只來考察一下它的可能的發展。〔註13〕它的環境是獨一無二的，在歷史上沒有先例。在整個歐洲，它是唯一在一個巨大的帝國內的農村生活中尚占統治地位的組織形式。土地共有制【la propriété commune】賦予它以集體佔有的自然基礎，而它的歷史環境，即它和資本主義生產同時存在，則為它提供了大規模組織起來進行合作勞動的現成的物質條件。因此，它可以不通過資本主義制度的卡夫丁峽谷，而佔有資本主義制度所創造的一切積極的成果。它可以藉使用機器而逐步以聯合耕作代替小地塊耕作，而俄國土地的天然地勢又非常適合於使用機器。如果它在現在的形式下事先被置於正常條件之下，那它就能夠成為現代社會所趨向的那種經濟制度的**直接出發點**，不必自殺就可以獲得新的生命。

〈但是，同公社相對立，出現了這樣的地產，它集將近一半土地於其毒掌之中，〖〈而且〉是優等地，更不用說國有土地了〗而且是優等地。正因為如此，所以通過農村公社【la commune rurale】的進一步發展來保存它是和俄國社會總的運動是一致的，俄國社會的新生只有付出這個代價才能獲得。〖甚至僅僅從經濟觀點來看……〗俄國通過導入英國式的資本主義的租佃制度來擺脫這絕境的嘗試，將是徒勞無功的，因為這種制度是同這個國家農村的所有社會條件整體相牴觸的。英國人自身就曾在東印度就進行過這種努力；他們得到的結果不過是破壞了當地的農業，使飢饉更加頻繁和嚴重〉

英國人自身就曾在東印度就進行過這種嘗試；他們得到的結果不過是破壞了當地的農業，使飢饉更加頻繁和嚴重。

可是公社受到的那個詛咒──它的孤立性、公社與公社的生活之間聯繫

〔註13〕平田清明這句話的譯文是：「我們暫且不談俄國公社〈現在〉所遭遇的災難，只來考察一下這種公社構成的形式及其所處的歷史環境所給它帶來的發展的可能性。」──斌

的缺乏、使它至今不能有任何歷史創舉的這種與世隔絕的小天地——會？它將在俄國社會的普遍動盪中消失。

　　*俄國農民習慣於**勞動組合**，這特別有助於他們從小地塊勞動向合作勞動過渡，並且他們<u>在某種程度上</u>，〈在未分割的草地以及具有全體利益的各種事業中〉<u>在**翻曬草料**以及像排除積水等公社的作業中已經實行了合作勞動</u>。一種與古代類型十分相似的特性（這是現代農學家感到頭痛的東西）也有利於實行合作勞動。如果您<u>到了</u>某一個地方看到有奇特的<u>分割痕跡</u>的小塊土地組成的棋盤狀耕地，那您就不必懷疑，這就是已經死亡的農業公社【commune agricole】的地產！農業公社的社員並沒有學過地租理論，可是他們瞭解，在天然肥力和位置不同的土地上消耗等量的農業勞動，會得到不等的收入。〈為了確保相同的經濟利益〉為了<u>使勞動機會</u>均等，他們根據土壤的自然差別和經濟差別把土地分成一定數量的地段，然後按耕作者【laboureurs】的人數把這些比較大的地段再分成小塊。然後，每一個人在每一地段中得到一份土地。這種直到今天還在俄國公社裏<u>延續</u>的做法，毫無疑問是和〈和集體耕種的以及私人的個體耕種的〉農藝學的要求相矛盾的。除其他種種不便外，這種做法也造成人力和時間的浪費。〈但是作為集體耕作的出發點，也很有益處。如果對農民的耕地擴大整理，它將作為主人而對其加以支配。〉可是，這種做法雖然乍看起來似乎和集體耕種相矛盾，但它<u>卻</u>〈作為出發點〉有助於向集體耕種的過渡。小塊土地〔……〕

---

*三稿下面這段結論也見於別的信紙，並且帶有結束的符號。原文經過了極為反覆的修改。在本段之前，有一處全被刪去的部分。那是要對之前的論述試圖進行總結概括的。我們為了再現年邁的馬克思寫作的情形，在這裡全部詳細摘錄下這個刪去部分中所有能夠辨認的地方。

　　　　〈我沒有深入〉

　　　　〈我沒有深入事物的細節，【這是它們】我僅是【確定】應該指出，（1）因為已〉……

　　　　〈我就應該指出〉

　　　　〈我沒有〉〈我避開了〉

　　　　〈沒有深入事物的【這些】任何細節〉〈我沒曾〉

　　　　〈我要結尾了〉〈我沒曾〉〈我為了使……明確，只是指出了一些一般的特徵。〉

〖（1）地位〗〈農業公社在一些列原始共同社會中所佔有的歷史地位；然後是俄國公社的特殊地位能夠使〉

〖（2）〗〈現代世界能給俄國公社提供的發展上的特殊的巨大便利〉〈特殊的〉〈例外的〉〈俄國公社的稟賦能夠使……發〖展〗〉〈例外的〉〈在……被發現的〉

【四　稿】

1881 年 3 月 8 日

親愛的公民：

最近十年來定期發作的神經痛妨礙了我，使我<u>沒能答覆</u>2 月 16 日〈您尊敬的〉您的來信。

承蒙您〈迫切〉誠懇地向我提出〈問題〉疑問，但很遺憾，我卻不能給您一個適合於發表的簡短說明。幾個月前，我曾答應給聖彼得堡委員會就這個題目寫篇文章。可是，<u>對於我的所謂的理論的〈人們所持有的結論〉誤解，我希望寥寥幾行就足以消除您的一切疑問。</u>

一、由此可見，在《資本論》中所作的分析，既沒有提供任何肯定<u>俄國公社</u>【la commune russe】有生命力的<u>論據</u>〈什麼東西〉，也沒有提供否定<u>俄國公社</u>有生命力的<u>論據</u>〈什麼東西〉。

〈關於俄國公社的我的個人觀點，我經過多年根據原始〔依據原文！〕材料對其作了研究，——那就是〉

〈根據原始〔依據原文！〕材料持續……對俄國公社的（多年進行的）研究的結果〉

〈為了獲得關於俄國公社可能的命運的最後見解，則需要有更多超出含糊歷史類比的東西。就必須對此進行研究。〉〈我對此進行了多年的研究。〉〈我作了研究。〉

〈關於公社可能命運的我的見解。〉

我根據自己找到的原始材料對此進行的專門研究〈得出了如下的結論〉使我深信：這種<u>公社</u>是俄國社會新生的〈使俄國社會新生的〉自然〈出發點〉支點；可是〈當然，我們首先必須把它置於……條件下〉要使它能發揮這種作用，首先必須排除從各方面向它襲來的<u>有害影響</u>，然後保證它具備自然發展的條件。

後　記

　　我上大學學的是日語語言文學專業，我對中國歷史產生濃厚興趣，是從在西安外國語學院認識李毅老師開始的。李老師研究生畢業於陝西師大隋唐史專業，師從著名的古文獻專家黃永年先生。大學一二年級時，李毅老師給我們帶了「毛概」、「鄧論」等的課程，她在課上旁徵博引、邏輯謹嚴，讓我們所有學生都佩服不已。她還經常把歷史和現實問題聯繫起來，分析得深入淺出，這使我對深入瞭解中國歷史產生了強烈的興趣。在那之後，整個大學期間，我一有機會就會去請教她關於中國歷史和社會的諸多問題，李老師也總是對我循循善誘、諄諄教誨，並且逐步把我引向了從學術角度來理性思考這些問題的道路。那是一段令我終生難忘的美好歲月，我覺得我的人生從那時開始找到了明確的目標。

　　我也是通過李毅老師的介紹認識臧振老師的。那是在大學快要畢業之前，我因為對中國歷史抱有濃厚的興趣，曾準備想「改行」去報考陝西師範大學中國古代史的碩士研究生，李老師因此給我介紹了臧老師（臧老師也是李毅的老師）。那是在 2001 年上半年的一個下午，她帶我去了臧老師的「文物陳列室」。臧老師非常熱情地接待了我們，但在得知我的來意之後，他卻委婉地拒絕了我。他認為我現在如果直接轉到歷史專業，將來也許很難就業，還不如先把日語學好，等上完了日語的研究生再來報考中國古代史專業也不遲。我當時覺得他說得非常有道理，於是回來就報考了日語專業的研究生，並且選擇了日本歷史的研究方向。在上日語研究生期間，我曾旁聽過臧老師的課程，還在李毅老師的介紹下聽了常金倉老師等的研究生課。三年的

時間很快過去。在研究生快要畢業那年，我得知臧老師正在招收先秦史的博士研究生，於是就聯繫了臧老師並且準備報考他的研究生，臧老師也欣然同意。

2005 年 7 月，我終於如願以償地考上了陝西師範大學先秦史方向的博士研究生，拜到了臧老師門下。由於我是「半途出家」，有關先秦史專業許多基本知識的積累明顯不足，但臧老師卻始終對我關愛備至，每每耐心地給我解釋那些最基本的「常識」，還不停地鼓勵我要增強信心，發揮自己的外語優勢。臧老師做學問極其嚴謹，我所寫的論文每次交給他修改，他都會幫我逐字逐句地查看。很多時候，一篇文章就可能來回改上十幾次。

然而我上博士的路程也並不平坦，2007 年 11 月份中旬開始我「大病」了一場，每天恍惚不已、呼吸困難、虛弱至極，工作、學習受到了嚴重的影響。因為到醫院檢查查不出什麼器質性的原因，所以周圍很多人都對我很是不解。但是，只有臧老師，在聽說了我的描述之後，不僅沒有表示不解而且還勸我暫時放下學業，安心養身體。記得好幾次去他新區工作間的時候，他都索性不跟我談論文了，而是教我養身、處世之道，鼓勵我養好身體。讓我難以忘懷的，是他曾為鼓勵我寫的八個字——「與病相接，方知健樂」。這八字我至今還珍藏著。我的病因為各種原因一直持續了近兩年才得以好轉，那是我有生以來最為「低谷」的時期，但臧老師卻每每把我從低谷中拉了回來。現在想來，如果沒有臧老師的開導與鼓勵，我還真不知道該如何度過這個灰暗的人生低谷。我覺得我能成為臧老師的研究生真的非常幸運，我學到的不僅是做學問的方法與態度，更是學到了寶貴的人生經驗、處世態度，這些都足以使我受益終生了。

本書是在我的博士論文的基礎上進一步修訂而成的。無論選題還是具體的寫作過程都離不開臧老師的悉心指導，同時我也得到了李毅老師的不少有益的建議。不管怎樣，若沒有兩位老師的幫助，我是不可能順利進入歷史學的殿堂的，也不可能順利完成我的論文。此種感激之情無以言表，因此就簡單地敘述了我和兩位老師相識與交往的那些難忘的經歷，以誌不忘！

我在這裡還要感謝趙世超、王暉、尹盛平、袁林及商國君等諸位老師對我的悉心指導。特別是趙世超老師，他曾就「公社」研究的問題給我提出寶貴建議，並且還給我介紹了相關的文獻資料。另外還有日本友人山本喜保等，曾幫我多方找尋重要的日文文獻，同學呂亞虎博士、盧中陽博士等，也曾給

予我不少幫助，在此一併致以謝意！

　　在論文正式出版之際，我要特別感謝我的父母、岳父母、妻子許暢和可愛的女兒沈祺奧，沒有他們的理解和支持，在求知的道路上我是不可能走到現在的。

2011 年 8 月 21 日夜，雨，於日本濱松市初生町

2014 年 3 月 7 日傍晚，雨，再修改於西安寓所